일제 강점기 조선인 강제동원 연표

강제동원 & 평화총서 12
일제 강점기 조선인 강제동원 연표

초판 1쇄 인쇄 2018년 11월 20일
초판 1쇄 발행 2018년 11월 30일

저 자 정혜경

펴낸이 윤관백
펴낸곳 도서출판 선인

등 록 제5-77호(1998. 11. 4)
주 소 서울특별시 마포구 마포대로 4다길 4
전 화 02-718-6252
팩 스 02-718-6253
E-mail sunin72@chol.com

정 가 13,000원

ISBN 979-11-6068-231-1 94900
      978-89-5933-473-5 (세트)

■ 저자와의 협의에 의해 인지 생략.
■ 잘못된 책은 교환해 드립니다.

강제동원 & 평화총서 12

일제 강점기 조선인 강제동원 연표

정혜경

머리말

'일제강점기 조선인 강제동원 연표'는 일본의 아시아태평양전쟁 역사를 연도별 주요 사건별로 유기적으로 살펴보기 위한 연표다. 이를 위해 아시아태평양전쟁 발발 전후 시기의 주요 관련 사항을 망라해 침략전쟁을 일으킨 일본 제국주의의 실태와 제국 일본 영역을 대상으로 전쟁에 이르는 전 과정을 종합적으로 이해할 수 있도록 했다. 연표에 담긴 내용은 다음과 같다.

첫째, 일본이 개국 이후 홋카이도(北海道)와 오키나와(沖繩), 남사할린(樺太)을 차지해 영토를 확장하고 타이완과 조선을 침략해 제국 일본으로 확장하는 과정과 아시아태평양전쟁을 거쳐 전후 처리에 이르는 과정이 조선과 관련국에 미치는 영향, 일본과 관련한 모든 전쟁과 전투(국지전과 세계대전)을 모두 기술했다.

둘째, 조선의 개항 이후 아시아태평양전쟁에 동원되는 시기를 거쳐 대한민국 정부 수립 이후 강제동원 진상규명 진행 과정을 포함했으며, 1938년 이전 도일 조선인의 주요 활동과 피해 내용도 기술했다.

셋째, 조선인 강제동원의 피해를 명확히 보여주기 위해 제도 수립과 동원 과정, 피해실태(현지 사망, 공습)를 기술했다.

넷째, 지역별로 항목을 설정해 조선(조선인 포함), 일본(만주국, 남사할린, 타이완, 중국 관내 포함), 유럽·국지전·세계대전·아시아태평양전쟁을 비교할 수 있도록 했다. 특히 독자들이 일본이 수립한 총동원 정책이 조선과 관련국에 미치는 영향을 이해하기 쉽도록 했다.

다섯째, 공문서와 법령 등 정부자료를 확인해 기존 연표와 연구 성과의 오류를 수정했다.

일러두기

- 한글 표기를 원칙으로 했다. 다만 동양의 인명과 지명 등 고유명사는 한자를 기재했다. 한자와 기타 외국어는 처음에 한해 한글 옆에 병기했다. 중국과 일본 지명이나 인명은 현지 발음대로 표기하는 것을 원칙으로 하고 처음에 한해 한자를 병기했다. 외국 인명과 지명은 교육부 표기원칙에 의거해 기술했다.

- 1854년 일본의 개국부터 2015년 12월 31일 국무총리 소속 대일항쟁기 강제동원피해조사 및 국외강제동원희생자등지원위원회 폐지까지 사항을 수록했다.

- 연표의 체제는 조선(조선인 포함), 일본(만주국·남사할린·타이완·중국 관내 포함), 유럽·국지전·세계대전·아시아태평양전쟁 등 세 항목으로 했다. 아시아태평양전쟁 발발 이전 시기 제국 일본의 영역(식민지와 점령지)은 모두 일본에 포함하였으나, 조선은 별도 항목으로 설정했다.

- 태양력을 기준으로 하되 조선의 내용 중에 태양력을 확인할 수 없는 경우에는 음력으로 월일을 표기하고 '음'을 표기하여 구분했다.

- 사항의 시작과 끝이 다른 경우는 발생시점을 기준으로 기술하되 [ ]안에 종료된 연도와 월일을 밝혔다.

- 가능한 월일까지 표기했다. '일日'을 모르는 경우에는 '월月'만을 표기했다.

- 지역은 정책 발표 지역 및 전투 발발 지역을 기준으로 기술했다. 대한민국 임시정부 및 국외 독립운동단체의 활동 내용은 활동 지역을 기준으로 했다.

- 정부 및 관변단체 활동 중심으로 기술했다.

- 행정주체(일본정부, 조선총독부 등)는 특기할 필요가 있는 경우를 제외하면 생략했다.

- 주요 사건과 법령은 [ ]안에 개요 및 연혁을 기재했다. 발생시점에 기재한 이후에는 가능한 별도로 기술하지 않았다.

- 자료상 상이한 내용은 법령과 공문서 등 정부자료를 기준으로 기술했다.

- 현장 사고는 사고 피해자 가운데 조선인 해당자가 있을 경우로 한정했다.

- 민간인 공습은 발생지역을 기준으로 기술했다.

- 1945년 8월 15일 이전은 조선·남사할린으로, 이후는 한국·사할린으로 표기했다.

- 연표 기술을 위해 관련 자료(일본 제국의회 자료, 조선총독부 관보, 동아일보·조선일보·매일신보·경성일보 등 일간지, 법령 자료, 아시아역사자료센터 소장 자료 외), 국내외 생산 연표류(국사편찬위원회 한국사 연표 http://www.history.go.kr/front/index.jsp/ 한국정신문화연구원, 『한국사연표』, 동방미디어, 2004/ 박경희, 『연표와 사진으로 보는 일본사』, 일빛, 1998/ 岩波書店編集部『近代日本総合年表』岩波書店,2001/ 加藤友康 외, 『總合年表 日本史』, 吉川弘文館, 2001/ 한일역사공동연구위원회 한국측위원회,『근현대한일관계연표』, 경인문화사, 2006 외), 관련 연구서, 국무총리 소속 대일항쟁기강제동원피해조사 및 국외강제동원희생자등지원위원회 생산 자료, 연구논문 등을 참고했다.

차례

머리말 · · · · · · · · · · · · · · 4
일러두기 · · · · · · · · · · · · · 6

1854 · · · · · · · · · · 12	1884 · · · · · · · · · · 18
1855 · · · · · · · · · · 12	1885 · · · · · · · · · · 18
1856 · · · · · · · · · · 12	1886 · · · · · · · · · · 18
1858 · · · · · · · · · · 12	1888 · · · · · · · · · · 18
1859 · · · · · · · · · · 12	1889 · · · · · · · · · · 18
1861 · · · · · · · · · · 12	1890 · · · · · · · · · · 18
1862 · · · · · · · · · · 12	1891 · · · · · · · · · · 18
1863 · · · · · · · · · · 12	1893 · · · · · · · · · · 20
1864 · · · · · · · · · · 12	1894 · · · · · · · · · · 20
1865 · · · · · · · · · · 12	1895 · · · · · · · · · · 20
1866 · · · · · · · · · · 14	1896 · · · · · · · · · · 20
1867 · · · · · · · · · · 14	1897 · · · · · · · · · · 20
1869 · · · · · · · · · · 14	1898 · · · · · · · · · · 20
1870 · · · · · · · · · · 14	1899 · · · · · · · · · · 20
1871 · · · · · · · · · · 14	1899 · · · · · · · · · · 22
1872 · · · · · · · · · · 14	1900 · · · · · · · · · · 22
1873 · · · · · · · · · · 16	1901 · · · · · · · · · · 22
1874 · · · · · · · · · · 16	1902 · · · · · · · · · · 22
1875 · · · · · · · · · · 16	1903 · · · · · · · · · · 22
1877 · · · · · · · · · · 16	1904 · · · · · · · · · · 22
1878 · · · · · · · · · · 16	1904 · · · · · · · · · · 24
1879 · · · · · · · · · · 16	1905 · · · · · · · · · · 24
1880 · · · · · · · · · · 16	1906 · · · · · · · · · · 24
1881 · · · · · · · · · · 18	1906 · · · · · · · · · · 26
1882 · · · · · · · · · · 18	1907 · · · · · · · · · · 26

1907 · · · · · · · · ·	28	1922 · · · · · · · · ·	48
1907 · · · · · · · · ·	30	1922 · · · · · · · · ·	50
1908 · · · · · · · · ·	30	1923 · · · · · · · · ·	50
1909 · · · · · · · · ·	30	1923 · · · · · · · · ·	52
1910 · · · · · · · · ·	30	1924 · · · · · · · · ·	52
1910 · · · · · · · · ·	32	1925 · · · · · · · · ·	52
1910 · · · · · · · · ·	34	1925 · · · · · · · · ·	54
1911 · · · · · · · · ·	34	1925 · · · · · · · · ·	56
1912 · · · · · · · · ·	34	1926 · · · · · · · · ·	56
1912 · · · · · · · · ·	36	1927 · · · · · · · · ·	56
1913 · · · · · · · · ·	36	1927 · · · · · · · · ·	58
1914 · · · · · · · · ·	36	1928 · · · · · · · · ·	58
1914 · · · · · · · · ·	38	1928 · · · · · · · · ·	60
1915 · · · · · · · · ·	38	1929 · · · · · · · · ·	60
1916 · · · · · · · · ·	38	1929 · · · · · · · · ·	62
1916 · · · · · · · · ·	40	1930 · · · · · · · · ·	62
1917 · · · · · · · · ·	40	1930 · · · · · · · · ·	64
1918 · · · · · · · · ·	40	1931 · · · · · · · · ·	64
1918 · · · · · · · · ·	42	1931 · · · · · · · · ·	66
1919 · · · · · · · · ·	42	1931 · · · · · · · · ·	68
1919 · · · · · · · · ·	44	1932 · · · · · · · · ·	68
1920 · · · · · · · · ·	44	1932 · · · · · · · · ·	70
1920 · · · · · · · · ·	46	1933 · · · · · · · · ·	70
1921 · · · · · · · · ·	46	1933 · · · · · · · · ·	72
1921 · · · · · · · · ·	48	1934 · · · · · · · · ·	72

1934 · · · · · · · · · · 74	1940 · · · · · · · · · 114	
1935 · · · · · · · · · · 74	1940 · · · · · · · · · 116	
1935 · · · · · · · · · · 76	1941 · · · · · · · · · 116	
1936 · · · · · · · · · · 76	1941 · · · · · · · · · 118	
1936 · · · · · · · · · · 78	1941 · · · · · · · · · 120	
1936 · · · · · · · · · · 80	1941 · · · · · · · · · 122	
1937 · · · · · · · · · · 80	1941 · · · · · · · · · 124	
1937 · · · · · · · · · · 82	1941 · · · · · · · · · 126	
1937 · · · · · · · · · · 84	1941 · · · · · · · · · 128	
1937 · · · · · · · · · · 86	1942 · · · · · · · · · 128	
1937 · · · · · · · · · · 88	1942 · · · · · · · · · 130	
1938 · · · · · · · · · · 88	1942 · · · · · · · · · 132	
1938 · · · · · · · · · · 90	1942 · · · · · · · · · 134	
1938 · · · · · · · · · · 92	1942 · · · · · · · · · 136	
1938 · · · · · · · · · · 94	1942 · · · · · · · · · 138	
1938 · · · · · · · · · · 96	1943 · · · · · · · · · 138	
1939 · · · · · · · · · · 98	1943 · · · · · · · · · 140	
1939 · · · · · · · · · 100	1943 · · · · · · · · · 142	
1939 · · · · · · · · · 102	1943 · · · · · · · · · 144	
1939 · · · · · · · · · 104	1943 · · · · · · · · · 146	
1939 · · · · · · · · · 106	1943 · · · · · · · · · 148	
1939 · · · · · · · · · 108	1944 · · · · · · · · · 148	
1940 · · · · · · · · · 108	1944 · · · · · · · · · 150	
1940 · · · · · · · · · 110	1944 · · · · · · · · · 152	
1940 · · · · · · · · · 112	1944 · · · · · · · · · 154	

1944 · · · · · · · · ·	156	1953 · · · · · · · · ·	184
1944 · · · · · · · · ·	158	1954 · · · · · · · · ·	184
1944 · · · · · · · · ·	160	1955 · · · · · · · · ·	184
1944 · · · · · · · · ·	162	1956 · · · · · · · · ·	184
1945 · · · · · · · · ·	162	1957 · · · · · · · · ·	184
1945 · · · · · · · · ·	164	1958 · · · · · · · · ·	184
1945 · · · · · · · · ·	166	1960 · · · · · · · · ·	184
1945 · · · · · · · · ·	168	1961 · · · · · · · · ·	184
1945 · · · · · · · · ·	170	1964 · · · · · · · · ·	184
1945 · · · · · · · · ·	172	1965 · · · · · · · · ·	184
1945 · · · · · · · · ·	174	1971 · · · · · · · · ·	186
1945 · · · · · · · · ·	176	1972 · · · · · · · · ·	186
1945 · · · · · · · · ·	178	1987 · · · · · · · · ·	186
1945 · · · · · · · · ·	180	1989 · · · · · · · · ·	186
1946 · · · · · · · · ·	180	1990 · · · · · · · · ·	186
1946 · · · · · · · · ·	182	1991 · · · · · · · · ·	186
1947 · · · · · · · · ·	182	1992 · · · · · · · · ·	186
1948 · · · · · · · · ·	182	2004 · · · · · · · · ·	186
1949 · · · · · · · · ·	182	2006 · · · · · · · · ·	186
1950 · · · · · · · · ·	182	2015 · · · · · · · · ·	186
1951 · · · · · · · · ·	182		
1951 · · · · · · · · ·	184		
1952 · · · · · · · · ·	184		

[일제 강점기 조선인 강제동원 연표]

연	월	일	지역	조선[조선인 관련 포함]
1854	1	16	일본	
1854	7	9	일본	
1855	7	29	일본	
1856	4	25	일본	
1858	6	19	일본	
1859	5	28	일본	
1861	6	19	일본	
1862	12	12	일본	
1863	4	20	일본	
1864	7	24	일본	
1865	9	27	일본	

일본(만주국, 남사할린, 타이완, 중국 관내 포함)	유럽. 국지전, 세계대전, 아태전쟁
미국 동인도 함대 사령관 페리Perry,Matthew Calbraith, 군함 7척을 이끌고 도쿄만에 입항해 개국을 강요[일본 개국: 페리가 1853. 6. 3.미국특사 자격으로 증기선 4척을 이끌고 우라가浦賀에 내항해 일본에 개국을 요구한 후 두 번째 방일. 페리의 첫 요구를 에도江戶 막부가 단독으로 해결하지 못하고 교토京都 조정(천황)과 다이묘大名들에게 의견을 구하면서 일본 개국과 막부 정치 종료의 계기가 됨. 3. 3.미일화친조약(일명 가나가와神奈川조약) 체결. 1856. 7. 21.미국 영사 해리스Harris, Townsend 부임. 8. 23.영일화친조약 체결. 12. 21.러일화친조약 체결. 1855. 12. 23.네덜란드-일본화친조약 체결. 1858. 6. 19.미일수호통상조약 조인]	
막부, 일장기를 일본총선인日本總船印으로 제정	
막부, 개항지인 나가사키長崎에 해군전습소傳習所 개설[1859년 폐쇄될 때 까지 막부 신하와 번의 무사들 훈련소로 활용. 해군·정계·재계 지도자 배출]	
막부, 현재 도쿄東京지역인 에도江戶에 육군훈련소인 강무소講武所 개설	
미일수호통상조약 조인[가나가와·나가사키·니가타新潟·효고兵庫 개항 및 에도와 오사카 개시開市·막부 관리 개입없는 자유 무역·치외법권 인정 등을 규정한 불평등 조약. 이후 유럽 각국과 동일한 불평등 조약을 체결하고 1859년 6월부터 자유무역 시작]	
막부, 가나가와·나가사키·하코네箱根 3항 개항. 미국·영국·러시아·프랑스·네덜란드 5개국과 무역 허가	
막부, 서민들의 대선박 건조·외국선 구입 허가	
무사들이 영국 공사관을 불태움[개국과 불평등조약에 대한 거부감으로 외국인 대상 테러 사건 빈번. 사회적으로 존왕양이尊王攘夷 분위기 확산]	
막부, 천황에게 양이攘夷 결행(5. 10)을 상주[5. 10.조슈長州번이 시모노세키下關에서 외국선 포격. 7. 2.사쓰마번, 가고시마鹿兒島에서 영국함대와 교전(사쓰마薩摩-영국전쟁)]	
막부, 제1차 조슈 정벌[1864. 7. 조슈번 군대가 천황 궁성을 향해 발표했다는 이유로 존왕양이파의 대표였던 조슈번 토벌 칙명을 받고 서남 지역의 21개번에게 출병을 명함. 8. 5. 4국 연합함대, 시모노세키 포격. 1865. 5. 12.막부, 제2차 조슈 토벌 개시. 1866. 6. 7.조슈정벌 전투 개시했으나 14대 쇼군將軍 사망(7. 20) 후 중지 명령(8. 21)]	
막부, 프랑스 원조로 요코스카橫須賀제철소 기공	

연	월	일	지역	조선[조선인 관련 포함]
1866	1	21	일본	
1867	1	9	일본	
1867	10	14	일본	
1869	5	11	일본	
1869	6	17	일본	
1869	8	15	일본	
1869	12	25	일본	
1870	1	3	일본	
1870	9	18	일본	
1870	10	2	일본	
1870	12	20	일본	
1871	7	14	일본	
1871	9	13	일본	
1872	1	8	일본	
1872	1	29	일본	
1872	2	15	일본	
1872	8	3	일본	
1872	10	4	일본	
1872	11	15	일본	

일본(만주국, 남사할린, 타이완, 중국 관내 포함)	유럽. 국지전, 세계대전, 아태전쟁
사카모토 료마坂本龍馬의 주선으로 사쓰마薩摩-조슈長州 동맹 성립[이후 막부타도 운동 본격화. 1867.5.21.도사土佐-사쓰마번, 막부타도 밀약 체결]	
무쓰히토睦仁, 메이지明治천황 즉위[메이지시대 개막. 즉위한 해에 왕정복고를 실현하고 1912년 사망할 때까지 45년간 천황제 절대주의의 중핵으로 일본 통치. 1868.9.8.메이지로 개원開元하고 일세일원제一世一元制 정함. 8.27.천황 즉위식 거행. 9.20.천황이 교토를 출발. 10.13.도쿄에 도착]	
막부 쇼군 도쿠가와 요시노부德川慶喜, 조정에 국가 통치권인 대정大政 봉환[왕정복고. 12.9.조정, 왕정복고의 대호령大號令 발령]	
신정부군, 홋카이도北海道 하코다테函館 총공격 개시[구 막부측이 벌인 무진戊辰 전쟁 종결]	
판적봉환版籍奉還 단행[각 번의 영주들이 지배하던 토지와 인민을 천황에게 반환. 공경公卿과 사족士族을 화족으로 개칭]	
아이누Ainu민족이 살던 에조蝦夷를 홋카이도北海道로 개칭	
도쿄-요코하마橫濱 전신 개통	
신도神道의 국교화를 목표로 하는 대교大敎 선포 조서 발표	
외무성 관리를 조선에 파견해 개국 요구[조선, 국교 개시 거절]	
병제兵制 통일 포고[해군은 영국식, 육군은 프랑스식]	
형법에 상당하는 '신율강령新律綱領' 포고	
메이지천황, 폐번치현廢藩治縣 조서 내림[폐번치현: 전국 261개 번을 폐지하고 전국을 부와 현으로 나누어 3부 203현을 설치. 번의 군대를 해산하고 무기와 성곽을 접수]	
청일수호통상조약 체결	
메이지천황, 조련장에서 행군식 사열[육군의 시작]	
최초로 전국 호적조사 실시	
토지매매금지령 해제	
국민 개학皆學을 목표로 하는 학제 공포[1879.9.29.교육령에 따라 폐지]	
도미오카富岡제사장製絲場 조업 개시[관영 제사공장. 1893년에 미쓰이三井에 불하되어 민영화한 후 1939년에 가타쿠라片倉제사방적회사에 합병. 2014년 유네스코세계문화유산 등재]	
진무神武천황 즉위년을 기원절元節로 즉위일(1.29)을 축일祝日로 결정	

연	월	일	지역	조선[조선인 관련 포함]
1873	1	10	일본	
1873	7	28	일본	
1873	11	10	일본	
1874	2	1	일본	
1874	2	6	일본	
1874	9	22	일본	
1875	2	22	일본	
1875	4	21	조선	일본군함 운요호雲揚號 등 3척, 부산에 입항
1875	5	7	일본	
1875	9	20	조선	운요호 사건 발생[일명 강화도 사건. 강화도 수병들이 초지진草芝鎭 앞 바다에 나타난 운요호 포격. 운요호가 퇴각하며 영종진永宗鎭 포격. 10.12.부산에 정박 중인 일본 해군 70여명이 초량리草梁里에 난입해 소요. 1876.1.2.일본특명전권 변리대사 등, 수호조약 체결을 위해 경기도 남양만 도착. 1.17.회담 시작. 2.26(음력 2.3).불평등조약인 조일수호조규 조인(일명 강화도조약, 병자수호조약)]
1877	2	15	일본	
1878	6	8	조선	제일국립은행, 부산에 지점 개업[일본계 은행 최초의 해외 진출]
1878	12	5	일본	
1879	4	4	일본	
1879	9	29	일본	
1880	7	17	일본	
1880	11	15	일본	

일본(만주국, 남사할린, 타이완, 중국 관내 포함)	유럽. 국지전, 세계대전, 아태전쟁
국민개병 방침에 따라 징병령 공포[사족土族과 평민을 불문하고 일부 면제자를 제외한 만 20세 남성에게 3년간 병역의무를 지도록 규정. 징병령이 혈세血稅라는 인식이 확산되어 농민들이 징병거부투쟁 전개. 1889.1.22.개정으로 호주의 징병 유예 등을 폐지하고 국민개병주의 실현]	
토지와 조세제도의 통일을 목표로 한 지조地租개정 조례 공포	
내무성 설치	
에토 신페이江藤新平 등 사족이 정한론征韓論을 주장하며 폭동[3.1.정부군이 진압]	
각의, 류큐琉球 도민의 살해를 이유로 타이완臺灣 출병 결정	
전신조례 제정[정부가 전신 업무 관장]	
정치결사 입지사立志社, 최초의 전국 정당인 애국사愛國社 결성[이타가키 다이스케板垣退助 등이 주도]	
러·일, 가라후토樺太-지시마千島 교환조약 조인[사할린은 러시아령으로 지시마는 일본령으로 확정]	
서남西南전쟁 발발[사이고 다카모리西鄉隆盛 등이 가고시마에서 거병. 9.24.정부군의 총공격으로 서남전쟁 종결]	
참모본부, 천황의 직속기관으로 독립	
류큐번을 폐지하고 오키나와沖縄현 설치[류큐琉球: 1609년 시마즈島津 집안의 무력침입으로 사쓰마번의 지배를 받게 되었으나 국가제도와 명칭은 존속. 1872년에 류큐번을 설치하고 류큐국왕 상태尚泰를 번왕에 봉해 화족으로 삼은 후 외교 사무는 일본 외무성이 관리. 1875년에 류큐처분관을 파견해 강제로 일본에 통합하려 했으나 류큐측이 엄중 항의하자 1879년 3월에 류큐처분관 마쓰다 미치유키松田道之가 경찰과 군대를 동원해 국왕을 수리首里성에서 몰아내고 무력으로 장악]	
교육령 제정하고 학제 폐지	
형법·치죄법治罪法 공포	
관영공장불하개칙槪則 제정[각종 공장을 민영화]	

연	월	일	지역	조선[조선인 관련 포함]
1881	6		일본	
1881	10	12	일본	
1882	1	4	일본	
1882	2		일본	
1882	7	23	조선	임오군란 발발[음력6.5.무위영武衛營과 장어영壯禦營 소속 군인들이 급료체불 등에 격분해 봉기. 음력6.9.일본공사관 습격하고 민겸호閔謙鎬 집 등 파괴. 음력 6.19.김윤식金允植 등, 청국에 파병 요청. 음력6.27.청군, 인천 도착. 음력6.29.일 본공사, 군함 4척과 호위병을 이끌고 인천 도착. 8.30.일본과 제물포 조약·수호 조규속약 조인]
1884	7	7	일본	
1884	12	4	조선	갑신정변 발발[음10.17.김옥균金玉均 등 개화당, 우정국 낙성식 축하연을 이용 해 정변 일으킴. 음10.18.개화당, 경우궁에서 14개조 혁신정책 반포. 음10.19.청 일 양국 병사들, 창덕궁에서 충돌. 음10.20.군민, 청군병사와 함께 일본공사관 병영 습격, 일본공사 일행 인천으로 도주. 음10.21.새 내각 조직. 정변 중 모든 개혁 환원·개화파 체포령. 음10.24.김옥균 등 일본공사와 함께 일본으로 망명. 음11.24.한성조약 체결]
1885	1	9	일본	
1885	12	22	일본	
1886	3	2	일본	
1886	4	10	일본	
1888	4	25	일본	
1888	4	30	일본	
1889	1	22	일본	
1889	2	11	일본	
1890	5	17	일본	
1890	10	30	일본	
1890	11	25	일본	
1890	12	16	일본	
1891	9	1	일본	

일본(만주국, 남사할린, 타이완, 중국 관내 포함)	유럽. 국지전, 세계대전, 아태전쟁
최초의 조선인 정부 유학생 유길준愈吉濬과 윤치호尹致昊 등 3명, 도쿄東京 소재 게이오慶應의숙과 도진사同人社 입학	
메이지천황, 1890년 국회 개설 조칙 발표	
메이지천황, 군인칙유軍人勅諭 공포[군대는 천황 직속이며 절대복종 강조]	
조선인 230명이 광업 습득을 위해 고베神戸 소재 광산에 도착	
화족령 제정[공후백자남의 5작으로 나누고 신분과 호적을 궁내성에서 관리]	
갑신정변 사후 처리로 조선과 한성조약 조인[4.18.청국과 톈진天津 조약 체결]	
태정관제를 폐지하고 내각제 실시[초대 총리대신에 이토 히로부미伊藤博文 임명. 내각 제도 확립]	
제국대학령 공포	
사범학교령·소학교령·중학교령 공포[1900.8.20.소학교령 개정해 의무교육연한 확대]	
시제市制·정촌제町村制 공포	
추밀원 설치[의장 이토 히로부미]	
징병령 개정[호주의 징병 유예 등을 폐지하고 국민개병주의 실현]	
대일본제국헌법·중의원의원선거법·귀족원령 공포. 황실전범 제정	
부현제府縣制·군제郡制 공포	
메이지천황, 교육칙어 공포[국민의 교육방침을 충군애국으로 설정]	
제1회 제국의회 소집[1947년 일본국 헌법 공포될 때까지 총92회 개최]	
도쿄-요코하마橫濱 구간 전화 개통	
도쿄에서 아오모리靑森까지 일본 전구간 철도 개통	

연	월	일	지역	조선[조선인 관련 포함]
1893	8	12	일본	
1893	10	31	일본	
1894	1	26	일본	
1894	3		조선	음력1.10.전봉준 영도 아래 농민들이 전남 고부古阜에서 민란 발생[갑오농민전쟁 개시. 음3.21.고부 백산 봉기. 농민군, 백산에서 4대 강령 발표. 음4.11.동학 포고문 발표. 음4.27.동학군, 전주 점령. 음4.28.조선정부, 청국에 원병 요청. 음5.5.청군 선발대, 충남 아산牙山 상륙. 음5.6.일본군, 군함 2척을 이끌고 인천 상륙. 음5.7.전주화약 성립. 일본군, 입경. 음5.13.일본군 보병과 기병 3,300명 인천 상륙. 음6.9.(양11.20)일본공사, 고종에게 내정개혁요령 20개조 강요. 음6.21.일본군, 경복궁 침입(갑오변란). 음6.23.일본군 청일전쟁 발발]
1894	6	2	일본	
1894	7	16	일본	
1894	8	1	일본	
1895	5	29	타이완	
1895	10	8	조선	을미사변 발생[일본 낭인과 수비대가 쿠데타를 일으키고 경복궁을 습격해 명성황후 시해, 친일 내각 수립. 음8.20.고종, 왕비의 폐서인 조직 발표. 음8.29.일본 정부, 명성황후 주범 미우라 고로三浦梧樓의 소환 귀국 명령. 음9.2.명성황후 시해 사건 관련자 50명에 대한 퇴한退韓 명령. 1897.11.21.명성황후 국장 거행]
1896	2	11	조선	고종, 아관파천[친일 세력 일소 조치 병행]
1896	6	9	일본	
1897	7	4	일본	
1898	4	25	일본	
1898	6	22	일본	
1898	6	30	일본	
1898	9	3	일본	
1899	7	17	일본	

일본(만주국, 남사할린, 타이완, 중국 관내 포함)	유럽. 국지전, 세계대전, 아태전쟁
문부성, 학교축일의식의 창가唱歌로 기미가요君ガ代 선정[사실상의 국가國歌]	
문관임용령 공포	
오사카大阪 덴만天滿방적공장에서 파업 발생	
	일본군, 조선 출병 결정[3월 갑오농민전쟁과 관련한 청의 조선출병 명분]
영일통상항해조약 조인	
	일본, 청에 선전포고[청일전쟁 발발. 8.26.조선정부와 공수동맹 체결. 9.17.연합함대, 청의 북양함대를 격파하고 해상권 장악(황해해전). 9.22·21.중국 뤼순旅順 점령. 1895.2.2.청국북양함대, 항복. 청일전쟁 종결. 4.17.시모노세키下關에서 청일강화조약 조인. 4.23. 러·독·프 공사, 요동반도를 청국에 반환할 것을 권고(3국간섭). 5.4.일본정부, 요동반도 포기 결정]
	일본군, 타이완臺灣에 상륙[6.7.타이페이臺北 점령]
일본 야마가타 아리토모山縣有朋 전권대사·러시아 로바노프외상, 조선에 대한 의정서 조인	
조선인 노동자 100여명이 사가佐賀현 조자長者탄광에 취업[최초의 조선인 도일 노동 사례]	
러·일, 한국주권에 대한 의정서에 조인	
헌정당 결성[최초의 정당 조직. 자유당과 진보당 합당]	
오구마 시게노부大隈重信내각 성립[최초의 정당 내각]	
조선인 노동자 57명이 다이렌호大連丸를 타고 후쿠오카福岡현 오무타大牟田시 미쓰이三井광산 소속 미이케三池광산에 도착	
영일통상항해조약 개정 조약 실시[1894년에 조인된 불평등조약 개정하고 치외법권 철폐]	

연	월	일	지역	조선[조선인 관련 포함]
1899	8	3	일본	
1900	3	7	일본	
1900	3	10	일본	
1900	5	19	일본	
1900	6	15	일본	
1900	8	14	중국	
1900	8	20	일본	
1901	2	5	일본	
1901	5	18	일본	
1902	1	30	영국	
1902	12	10	일본	
1903	4	13	일본	
1904	2	10	일본	
1904	2	23	조선	한일의정서 조인[러시아와 전쟁을 일으킨 일본이 한국을 세력권에 넣고자 공수동맹攻守同盟을 전제로 체결한 외교문서. 5.8.한러조약 폐지]
1904	4	3	조선	한국주차대를 한국주차군으로 개편해 한성에 설치[한성·인천·부산·원산·평양에 사령부를 중심으로 주차군수비대·한국주차병참감부·보조수졸대·임시군용철도감부·한국주차전신대·한국주차헌병대·한국주차병원으로 구성. 1910년 조선주차군과 조선주차군 사령부로 명칭을 변경할 때 까지 존속]
1904	5	30	일본	

일본(만주국, 남사할린, 타이완, 중국 관내 포함)	유럽. 국지전, 세계대전, 아태전쟁
사립학교령 공포[사립학교와 외국인이 경영하는 학교에 대한 감독 강화]	
산업조합법 공포	
치안경찰법 공포[노동·농민운동을 억제하기 위한 통제법안. 1922.4.20.개정. 1926.4.9.개정. 1926.5.8.조선에 적용. 1945.11.연합군사령부 명령으로 폐지]	
육군성과 해군성 관제 개정[군부대신 현역무관제 확립]	
각의, 의화단을 진압하기 위한 파병 결정[북청北淸사변]	
	일본군, 각국 연합군과 함께 베이징北京 성내에서 의화단난 제압[1901.9.17.베이징에서 의화단사건 최종 의정서에 조인]
소학교령 개정[4년 의무교육]	
관영 야하타八幡제철소 조업 개시	
사회주의자 고토쿠 슈스이幸德秋水 등, 사회민주당 결성[5.20.당국에 의해 금지. 1910.5.25.대역사건 발발. 고토쿠는 사건 주모자로 연루되어 사형 판결]	
	런던에서 영일동맹협약 조인[양국간 공수동맹조약. 1905.8.12.개정 조인. 일본의 한국보호권 확인하고 동맹적용 범위를 인도에까지 확대]
국세조사에 대한 법률 공포[1920년에 제1회 조사 실시 후 10년 마다 실시하기로]	
문부성, 소학교 교과서 국정화 결정	
	일본, 러시아에 선전포고[러일전쟁. 8.10.일본함대, 뤼순의 러시아함대와 황해해전에서 승리. 11.26.일본군, 제3차 뤼순 총공격 개시. 12.5.뤼순 203고지 점령. 1905.1.1.뤼순의 러시아군, 항복. 3.1-10.일본군, 펑톈奉天에서 러시아군 격파. 5.27-28.일본 연합함대, 동해에서 러시아 함대 격파. 6.9.미대통령 루즈벨트, 일본 요청으로 러일양국의 강화 주선. 9.5.포츠머스에서 러일강화조약 조인. 히비야日比谷공원에서 강화반대 국민대회 개최(히비야 폭동)]
각의, 제국의 대한對韓방침 결정[원로회의를 거쳐 천황 결재. 한일의정서 체결 후속 조치로서 대한제국의 '보호화' 계획]	

연	월	일	지역	조선[조선인 관련 포함]
1904	8	22	조선	제1차 한일협약 조인[한일외국인고문초빙에 관한 협정서]
1905	9	5	일본	
1905	10	9	조선	한국주차군, 군정시행에 관한 내훈 공표[한주참韓駐參 제268호. 러시아군과 교전지였던 함경도지역에 군정 실시]
1905	11	17	조선	제2차 한일협약 조인[일명 을사조약. 한국의 외교사무를 일본 외무성이 처리하고 일본정부를 대표하는 통감을 경성에 설치한다는 내용]. 조선 전역에서 폭동이 일어나는 등 격렬한 저항
1905	12	7	일본	
1905	12	21	조선	통감부 및 이사청관제 공포[칙령 제767호. 천황에 직예直隷된 통감이 외교와 형사법의 입법권을 포함하는 내정의 실권을 장악하고 한국수비군에 대한 지휘권을 얻어 주차헌병을 통해 경찰권을 구사할 수 있는 지위를 가졌음을 명시. 초대 통감 이토 히로부미伊藤博文 임명]
1905	12	22	일본	
1906	1	2	일본	
1906	2	9	조선	한국 주차 일본헌병, 통감의 지휘 아래 행정과 사법경찰권 장악
1906	3	11	일본	
1906	3	31	일본	
1906	4	17	조선	통감부, 보안규칙 공포[통감부령 제10호. 통감부 설치 이후 최초의 치안법. 치안 위반자에 대해 최고형인 금고 1년 이하 또는 벌금 200원 이하의 형벌을 부과할 수 있도록 규정. 1908년에 개정해 언론규제를 강화]

일본(만주국, 남사할린, 타이완, 중국 관내 포함)	유럽. 국지전, 세계대전, 아태전쟁
	포츠머스에서 러일강화조약 조인[10.16.공포. 11.25. 비준. 1906.4.1.러일강화조약에 따라 사할린 북위 50 도 이남을 일본이 차지. 조인 후 도쿄東京 히비야日比谷 공원에서 강화조약 반대국민대회 개최. 정부고관 저택·정부계 신문사·파출소·기독교회 등에 방화. 이후 각지에서 강화반대 대회 개최. 9.6.도쿄시 및 도쿄부 관내 5개시에 계엄령 적용. 9.9.강화반대 신문에 발행정지 명령. 11.26.계엄령 해제]
한국황실특파유학생 최린崔麟 등 도쿄부립 제1중학교 유학생 44명, 교장의 민족차별 발언에 격분해 동맹휴교[12.22.전원 퇴학처분]	
만주에 관한 일청조약 및 부속협정 조인[러시아의 이권인계 및 중국 만주 동삼성에서 개시開市와 개항장 증가 등]	
조선인 유학생, 도쿄에서 대한유학생구락부 결성 [9.2.대한유학생구락부와 한금청년회가 통합해 대한유학생회 결성. 1907.3.3.기관지 '대한유학생회학보' 창간. 1908.2.9.조선인 유학생의 통합단체인 대한학회 결성]	
도쿄시전차 임금인상 반대시민대회 개최[3.15.군대가 진압]	
철도국유법 공포[주요 17개사의 사설철도회사 매수하는 철도국유화정책, 이에 따라 조선의 경부철도 부설권 장악]	

연	월	일	지역	조선[조선인 관련 포함]
1906	6	8	일본	
1906	6	27	조선	광업법 공포[9.15.시행. 당국이 광산권을 확보하는 근거. 1915년에 조선광업령을 제정해 광업자원 수탈의 근거 마련]. 통감부, 법무원관제 공포 시행
1906	8	1	일본/조선	한국주차군사령부조례 공포[칙령 제205호. 사령관은 천황에 직예直隷된다고 명시]
1906	8	13	조선	한국주차군, 사령관 명령을 통해 군사경찰을 고등군사경찰로 개칭[한주참韓駐參 제39호. 군인인 헌병이 치안업무를 관장. 1907.10.4.칙령 제323호에 의해 헌병경찰제도로 확립]
1906	8	18	일본	
1906	9	1	중국	
1906	9	13	조선	통감부, 기관지 경성일보(일문) 창간
1906	9	25	일본	
1906	11	5	일본	
1906	11	16	조선	통감부, 한국사원관리규칙 공포
1906	12	14	일본	
1907	1	21	일본	
1907	1	25	조선	통감부, 남산 왜성대 신축청사로 이전
1907	3	15	일본/조선	일본 오쿠라재벌의 창립자인 오쿠라 기하치로大倉喜八郎(1837-1928), 학부에 선린善隣상업학교 설립 청원[오쿠라 재벌: 19세기 말 20세기 초 일본 경제를 지배한 대규모 산업 및 금융재벌. 오쿠라구미大倉組를 설립해 덕수궁 석조전 등 조선의 주요 건물 공사·철도건설·군용시설 공사 담당. 도쿄경제대학을 설립했고, 조선총독부의 협조를 받아 조선의 문화재를 대거 반출해 오쿠라슈코칸集古館을 조성. 현재 도쿄 오쿠라 호텔에 소장. 일명 오쿠라콜렉션]

일본(만주국, 남사할린, 타이완, 중국 관내 포함)	유럽. 국지전, 세계대전, 아태전쟁
남만주철도㈜ 설립 공포[회사의 구성과 권한 등을 규정. 11.26.설립. 자본금 2억엔 중 반액은 일본정부가 출자. 초대 총재에 고토 신페이後藤新平 취임] *남만주철도㈜: 일본의 중국 동북 경영의 중핵을 이루는 반관반민半官半民의 주식회사로서 약칭 '만철滿鐵' 사용. 러일전쟁 후 강화조약에서 러시아가 일본에 할양한 뤼순-창춘長春간 철도와 지선·일본이 건설한 안동-펑톈奉天간 철도·푸순撫順과 연대의 탄광을 경영하기 위해 설립. 1937년 만주국 산업개발 5개년 계획으로 만주중공업㈜이 설립되자 중공업부문을 대부분 넘겨주고 철도중심의 콘체른으로 전환. 도쿄에 동아경제조사국을, 중국 다롄大連에 조사부를, 5개소(瀋陽·吉林·哈爾濱·北京·上海)에 사무소를 설치하고 군사정치경제정보를 수집해 일본 대외진출의 두뇌 역할을 담당. 철도경비를 위해 주둔했던 병력은 이후 관동군으로 전환해 장쭤린張作霖폭사사건이나 만주침략에 관여. 1945년 8월 일본 패전 후 만철은 소련이 접수했고, 철도는 1952년 중국 정부에 반환]	
관동도독부 관제 공포[라오양遼陽에 도독부 설치, 총독에 육군대장과 중장 임용·관동주 관할·남만주철도 노선의 보호 담당 등을 규정]	
구레吳해군공창 조병부造兵部 직공 약 300명이 전시 수당폐지에 반대해 소요[8.24.해결]	
중국 다롄大連을 자유항으로 개항	
뤼순旅順진수부조례 공포	
조선유학생 최승만崔承萬 등이 재일본도쿄조선기독교청년회 결성	
오사카大阪포병공창 직공 파업. 헌병과 경관 750명이 출동해 주모자 15명 구속	
도쿄주식시장 폭락[러일 전후 공황의 시작]	
화태청 관제 공포[내무대신 지휘감독 아래 수비대사령관을 장관으로 임명하는 내용 등을 규정. 4.1.군정폐지]	

연	월	일	지역	조선[조선인 관련 포함]
1907	3	21	일본	
1907	4	9	일본	
1907	4	19	일본	
1907	4	20	조선	통감부, 한국인여권규칙 폐지, 외국인여권규칙 공포 시행[1909.4.통감부, 외국여권규칙 공포]
1907	6	1	조선	경성-평양간 시외전화 개통
1907	6	10	프랑스	
1907	6	14	조선	내각관제 공포[황제권한 축소·의정부 폐지]
1907	7	19	조선	황제, 황태자로 하여금 국사國事를 대리케한다는 조칙詔勅 발표[고종양위반대운동이 전국에서 일어남. 7.20.중화전中和殿에서 고종 양위식 거행. 7.22.고종에게 태황제의 칭호를 올림. 8.2.연호를 융희隆熙로 고침. 8.7.영친왕 은垠을 황태자로 삼음. 9.17.태황제, 경운궁으로 이어移御]
1907	7	24	조선	한일신협약 및 비밀부대각서 조인[일명 정미7조약, 제3차 한일협약. 한국 내정을 통감 지도아래 두고 일본인을 관리로 임명하며 한국군대 해산 등을 규정]. 신문지법 공포 시행[법률 제1호. 일명 광무신문지법. 보안규칙 개정 조항 중 인쇄물규제조항을 단독법으로 입법. 일본 출판법 조항을 계승해 신문의 치안방해를 금지하도록 규제. 1908년에 '신문지법 폐지에 관한 법률'과 '신문지법 규칙' 제정으로 폐지]
1907	7	27	조선	보안법 공포[법률 제2호. 반포 당일 시행. 태형을 도입. 1900년에 제정된 일본의 치안경찰법의 영향을 받아 제정 시행되었으며 1945년 8월 일본 패전시 까지 유효한 법률로 군림. 각 지방의 감옥을 경찰에 인계]. 경무청 관제 변경
1907	7	30	일본	
1907	7	31	조선	군대해산 발표[8.1.훈련원에서 군대해산식 거행, 시위대가 일병과 충돌하고 시위1연대 제1대대장 박성환 자결]
1907	8	14	조선	남자17세, 여자 15세미만 조혼 금지
1907	8	20	조선	통감부, 간도 용정에 통감부 출장소 개설[8.24.청국의 철수 요구. 1909.11.1.폐쇄. 11.8.통감부, 간도 한국민의 보호관리담당한다는 명분 아래 일본 총영사관 설치 고시]
1907	9	6	조선	총포 및 화약단속법 제정[의병진압을 위해 제정]
1907	9	7	일본	
1907	9	18	일본	
1907	10	1	일본/조선	통감부, 간도 용정에 간도우편국 설치. 통감부, 회령-용정간 전화 개통

일본(만주국, 남사할린, 타이완, 중국 관내 포함)	유럽. 국지전, 세계대전, 아태전쟁
소학교령 개정[의무교육연한을 6년으로 하고, 수업 연한을 심상소학교 6년과 고등소학교 2년 또는 3년으로 연장하는 내용. 1908.4.1부터 실시]	
재향군인단 창립[최초의 재향군인 조직. 도쿄 간다神田]	
원수부, 제국국방방침·국방에 필요한 병력·제국군의 용병강령 등 결의	
	파리에서 불일佛日협약 및 불령 인도차이나에 관한 선언서 조인[교환문서에서 청국에 대한 양국의 세력 범위 확정. 6.17.공포]
	제1차 러일협약 조인[상호 영토보존 존중·청의 영토 보존·기회균등 승인]
타이완수비대사령부 설치	
육군군관구표 개정 공시[러일전쟁시 13개 사단을 6개 사단으로 증설]	
17개 사설철도회사 국유화 완료[철도국유법(1906. 3.31.공포)에 근거]	

연	월	일	지역	조선[조선인 관련 포함]
1907	10	4	일본	
1907	10	7	조선	한국주차헌병에 관한 건 공포[헌병치안유지에 관한 경찰권을 강화하고 통감이 배치를 결정하며 병력을 1천명으로 증가]
1907	10	29	조선	이완용李完用 내각총리대신·이토통감, 재한국 외국인민에 대한 경찰사무에 관한 협정 체결[한국 경찰관은 재한국 일본인에 대한 경찰사무에 관해 일본 관헌의 지휘감독을 받도록 규정]
1908	2	7	조선	대한제국표준시소時所에 관한 건 반포[동경 127도 30분 기준]
1908	3	11	조선	서울 성곽철거 개시[동대문 좌우부터 개시]
1908	3	25	조선	창경궁에 동물원 준공[1909.11.1.동물원과 식물원을 설치하고 일반에 공개]
1908	4	10	일본	
1908	4	20	타이완	
1908	6	18	조선	헌병모집령 공포[조선인보조원 모집]
1908	7	24	일본	
1908	7	26	조선	한국정부·통감부, 한국은행 설립에 관한 협정서 체결
1908	8	27	조선	동양척식주식회사법 공포[12.28.경성에 본사 설립]
1908	9	25	일본	
1909	6	14	조선	소네 아라스케曾禰荒助부통감을 통감으로 선임[이토통감은 일본 추밀원의장에 임명]
1909	7	6	일본	
1909	7	12	조선	을유乙酉각서 조인[한국 사법 및 감옥사무 위탁에 관한 한일 각서. 한국의 사법 및 감옥사무를 일본정부에 위탁하는 내용]
1909	9	4	일본	
1909	10	26	중국	
1909	10	29	조선	한국은행 설립[제일은행 한국지점을 계승 개조한 한국의 중앙은행. 11.24.개업]
1909	12	4	조선	일진회, 한국 황제와 통감에게 '한일합방을 제창하는 상주 및 청원서' 제출
1909	12	26	일본/조선	통감부, 철도청 폐지
1910	3	15	조선	임시토지조사국관제 제정[9.30.공포, 토지조사사업 시작. 1918.6.18.완료]
1910	4	8	조선	헌병보조원규정 공포 시행
1910	5	1	조선	일본 철도원, 경원선·호남선 착공

일본(만주국, 남사할린, 타이완, 중국 관내 포함)	유럽. 국지전, 세계대전, 아태전쟁
한국주차헌병에 관한 건 공포[칙령 제323호. '한국에 주차하는 헌병은 주로 치안유지에 관한 경찰을 관장'하도록 명시해 헌병경찰제도 확립. 10.7.조선에 공포]	
러시아와 사할린 경계획정서 조인	
타이완종관철도 전체 개통	
나가사키長崎 하시마端島탄갱 폭동 발생	
각의결정[간도영토권귀속 문제에 대한 해결방침]	
각의, 한국병합에 관한 방침 결정[즉일 시행]	
청과 간도에 관한 협약, 만주5안건에 관한 협약 조인 [9.8.공시]	
안중근 의거[하얼빈역에서 이토 히로부미 암살]	
조선철도경영권을 일본철도원으로 이관[1908.12.5. 일본 철도원 관제 공포에 따른 조치]	

연	월	일	지역	조선[조선인 관련 포함]
1910	5	25	일본	
1910	5	30	조선	데라우치 마사타케寺內正毅와 야마가타 이자부로山縣伊三郞, 통감과 부통감에 임명[7.23.통감 부임]
1910	6	3	일본	
1910	6	10	조선	경시청 폐지[6.30.경시청관제를 폐지하고 헌병경찰제도를 실시하는 제반 법령 반포]
1910	6	22	일본	
1910	6	24	일본	
1910	7	4	일본	
1910	8	22	일본	
1910	8	25	조선	경무총감, 집회취체에 관한 건 공포[경무총감부령 제3호. 정치 집회 금지]
1910	8	29	조선	경술국치[한일강제병합]. 통감부, 거주 자유가 없는 외국인의 건 공포[조선통감 부령 제52호. 조선 내 외국인은 지방행정장관의 허가가 있을 경우에만 개항지 이외에서 거주하거나 상업 행위 가능]

일본(만주국, 남사할린, 타이완, 중국 관내 포함)	유럽. 국지전, 세계대전, 아태전쟁
대역사건 시작[일명 메이지천황암살계획: 1908년 일부 사회주의자들이 '무정부 공산共産'이라는 적기赤旗를 내걸고 경찰과 충돌한 사건이 발생하자 제2차 가쓰라 다로桂太郎내각이 사회주의자 탄압을 강화하는 과정에서 대역사건으로 확대. 5월 미야시타 다키치宮下太吉 등 4명의 천황암살 미수 사건을 계기로 사회주의자에 대한 전국적인 검거를 전개해 대역사건으로 확대. 12월까지 용의자 26명을 기소한 후 고토쿠 슈스이幸德秋水를 주모자로 조작. 1916.1.11명 사형·12명 무기징역 판결. 이 사건을 계기로 경시청내에 특별고등과를 설치(1911.8.21.)하는 등 사회주의자에 대한 단속과 탄압을 강화]	
각의, 병합 후 한국에 대한 시정 방침 결정[당분간 헌법을 시행하지 않고 총독을 설치해 정무를 총괄한다는 내용. 7.2.공문에 메이지明治연호 사용 지시. 7.12.각의 합병 방침과 조선총독 권한 결정. 8.16.이완용, 통감을 방문해 합방에 관한 각서 교부. 8.18.각의, 한일합방조약안 상정. 8.22.한국병합에 관한 일한 조약 조인. 8.24.일본, 각국 정부에 한국병합조약과 선언 내용 통고. 8.29.한국병합에 관한 일한 조약 공포 시행, 한국의 국호를 조선으로 개칭하는 건·조선총독부설치에 관한 건·조선에 시행할 법령에 관한 건·조선귀족령 공포. 1911.3.7.일본 중의원, 한일합방을 사후 승인. 3.25.법제화]	
척식국관제 공포[타이완·가라후토·조선·외교를 제외한 관동주에 관한 사항을 내각총리대신 직속에서 통리한다는 내용]	
대한제국과 한국경찰사무위탁에 관한 각서 체결[대한제국 경찰권을 통감부로 완전히 이전. 대한제국정부 경시청 폐지]	
제2차 러일협약 조인[만주에서 현상유지, 철도 상호협력 등 내용], 비밀협약도 체결	
한국병합에 관한 일한 조약(일명 한일합방조약) 조인, 병합에 관한 조서 발표[일본, 강제로 한국을 병합. 8.29.공포 시행]	

연	월	일	지역	조선[조선인 관련 포함]
1910	9	10	조선	조선주차헌병조례 공포 및 시행[칙령 제343호. 헌병이 보통경찰업무를 집행하는 법적 근거. 헌병조례개정의 건(1919.8.20.칙령 제397호)에 의해 폐지]
1910	9	30	조선	조선총독부관제 공포[조선총독부 설치·총독을 육해군대장으로 하고 보좌에 정무총감 설치. 중추원·취조국 등 여러 관제 공포[10.1.시행]. 조선총독부 임시토지조사국 관제 공포[토지조사사업의 본격적 시작]
1910	10	1	조선	조선총독부 총독에 데라우치통감을, 정무총감에 야마가타부통감을 임명[데라우치총독은 육군대신 겸임]. 조선총독부, 신교포교규칙 발포[조선총독부령. 종교통제 개시]. 조선총독부 경무총감부 사무분장 규정 공포[조선총독부훈령 제4호. 조선인 도일 규제]
1910	10	4	조선	구 한국 내각, 해산식 거행
1910	10	7	조선	조선귀족령(8.29.공포)에 의한 수작식授爵式 거행[후작6명·백작3명·자작22명·남작45명]
1910	11	3	일본	
1910	11	18	일본	
1910	12	29	조선	조선회사령 공포[회사설립의 허가제. 1911.11.1.시행]
1910	12	30	조선	전 궁내부를 이왕직으로 하는 관제개정 공포[1911.2.1.시행]
1911	3	29	일본	
1911	4	17	조선	토지수용령 제정[제령 제3호. 총독의 필요에 따라 무제한 토지 수용이 가능하도록 규정]
1911	7	13	일본	
1911	8	21	일본	
1911	8	24	조선	조선교육령 공포[칙령 제229호. 제1장 제2조에 '교육은 교육에 관한 칙어의 취지에 기초한 충량한 국민을 육성하는 것을 본의로 한다'고 규정해 식민지교육정책의 근간을 삼음]. 사립학교규칙 제정 시행[조선총독부령 제114호. 사립학교 탄압의 근거로 삼음. 10.24.천황, 조선총독에게 교육칙어 하달. 1922·1938년 개정]
1912	1	1	조선	표준시를 일본중앙표준시에 맞춰 오전 11시 30분을 정오로 함
1912	3	14	조선	창덕궁 박물관 준공
1912	3	18	조선	조선민사령·조선형사령·조선부동산등기령·조선민사소송인지령·조선태형령·조선감옥령·경찰범처벌규칙 공포 시행. 조선총독부재판소령 개정 공포
1912	3	29	일본	
1912	6	15	조선	부산-중국 창춘長春간 직통열차 운행 개시

일본(만주국, 남사할린, 타이완, 중국 관내 포함)	유럽. 국지전, 세계대전, 아태전쟁
제국재향군인회 발회식[도쿄]	
야마나시山梨현 기타쓰루北都留군 도로공사장에서 조선인과 일본인 인부 400명이 충돌해 사상자 20명 발생	
공장법 공포[부녀자와 소년의 과도노동과 장시간 노동을 제한하기 위한 일본 최초의 노동입법. 1916.1.22.정부, 공장법을 6월 1일부터 시행한다는 뜻을 공포하고 공장법 시행에 대비해 공장감독관 설치. 5.31.추밀원 반대로 시행일을 9월 1일로 연기. 1916.9.1.시행]. 조선은행법 공포[7.22.조선에서 공포, 8.15.실시, 한국은행을 조선은행을 명칭 개칭]	
	제3차 영일동맹협약 체결, 즉일 시행[미국을 군사동맹 대상국에서 제외하는 내용. 7.15.공시]
경시청, 특별고등과를 설치[특고경찰의 효시]	
구레吳 해군공창에서 노동자 파업[4.1.3만명이 참가. 4.2.검거 개시]	

연	월	일	지역	조선[조선인 관련 포함]
1912	7	8	일본	
1912	7	30	일본	
1912	9	3	조선	경성부 공덕리에 경성감옥 설치, 종래 경성감옥을 서대문 감옥으로 개칭
1912	10	27	일본	
1912	12	5	일본	
1913	4	24	조선	경무총감부 보안과장, 통첩을 발표하고 도일노동자에 관한 도항 관리 실시[보안친발保安親發 제21호]
1913	6	13	일본	
1913	9	7	일본	
1913	10	5	일본	
1913	10	6	일본	
1914	1	15	일본	
1914	2	27	조선	헌병대와 경찰서 관구·배치 변경[3.1.시행]
1914	3	22	조선	호남선철도 전통식全通式 거행
1914	4	5	조선	부산~시모노세키간 부관연락선 신라마루新羅丸 취항
1914	4	7	조선	조선선박령·선박검사령·선원령 등 해사법규 공포[6.1.시행]
1914	6	10	조선	학교체조교수요목 공포[각급 학교 교육과정에 교련 과목 신설]
1914	8	8	영국	
1914	8	16	조선	경원선 완공[9.16.원산에서 전통식 거행]

일본(만주국, 남사할린, 타이완, 중국 관내 포함)	유럽. 국지전, 세계대전, 아태전쟁
제3차 러일협약 조인[비밀협정을 개정하고 동서 내 몽골에서 특수 이익을 상호 승인하는 내용]	
메이지천황 사망[7,30.황태자 요시히토嘉仁가 황위를 계승해 다이쇼大正천황 즉위. 9.13.장례식. 1915.11.10. 즉위식. 1916.11.3.히로히토裕仁친왕, 입태자례 거행. 1921.11.25.황태자 히로히토, 섭정에 취임]	
조선인유학생, 도쿄조선유학생학우회 결성[1911.5. 21.재일본대한장학회 후신으로 창립한 재일본조선 유학생친목회의 해소,통합]	
사이온지 긴모치西園寺公望내각 사직[육군대신 우에 하라 유사쿠上原勇作의 조선 2개 사단 증설 요구를 각 의에서 부결시킨 문제로 내각 총사직. 12.21.제3차 가 쓰라桂내각 성립]	
육해군성 관제 개정 공포[군부대신의 현역 무관제 폐지. 9.23.일본육해군형법을 조선에 시행하는 법률 공포 시행]	
대지對支문제국민대회, 도쿄 히비야日比谷공원에서 개최하고 중국출병요망 등 결의	
중국으로부터 만몽 3개 철도 차관권과 2개 철도 차관 우선권 획득[철도 부설권 획득]	
중화민국을 승인하고 지나支那공화국으로 명명하기 로 결정[1912.1.1.쑨원孫文이 신해혁명으로 청조를 무너트리고 중화민국 건국]	
오사카大阪에 최초의 조선인 노동단체인 오사카조선 인친목회 결성	
	일본 원로대신회의, 대독참전 결정[8.15.독일에 최후 통첩. 8.23.독일에 선전 포고, 제1차 세계대전 참전. 8.26.일본군, 자오저우만膠州灣 봉쇄 선언. 9.2.일본군, 산둥성山東省 상륙 개시. 10.14.독일령 남양제도南洋諸 島 점령. 11.7.중국 칭다오青島 점령. 1915.1.7.중국, 일 본군의 산둥성 철퇴 요구. 5.4.일본각의, 대중국최후통 첩안 결정. 5.25.중·일, 21개조 요구에 따른 여러 조약 및 교환공문에 조인. 1918.11.11.제1차세계대전 종결]

연	월	일	지역	조선[조선인 관련 포함]
1914	12	1	조선	청진-블라디보스톡간 직통전신 개통
1915	8	3	타이완	
1915	8	3	타이완	
1915	9	23	일본	
1915	10	19	일본	
1915	11	30	유럽	
1915	12	20	조선	조선-블라디보스톡간 해저전선 준공
1915	12	23	일본	
1915	12	24	조선	조선광업령 공포[중석·수연광 등 전시에 필요한 광물 통제. 1916.4.11.광업령 시행규칙 공포. 1918.12.16.개정. 1921.12.28.개정. 1941.6.16.개정]
1915	12	25	조선	지방재판소를 지방법원으로 개칭
1916	1	22	일본	
1916	3	17	일본	
1916	3	18	조선	경남 진해군항에 요항부要港部를 설치하고 영흥방비대 폐지
1916	4	1	조선	전문학교 설치[경성전수학교·경성의학전문학교]
1916	4	11	조선	조선광업령 시행규칙 공포
1916	7	3	일본	
1916	8	3	일본	
1916	8	13	만주	
1916	10	9	조선	데라우치총독 사임[일본 내각총리대신으로 전임. 10.16.일본정부, 제2대 조선총독 하세가와 요시미치長谷川好道 임명]

일본(만주국, 남사할린, 타이완, 중국 관내 포함)	유럽. 국지전, 세계대전, 아태전쟁
타이완에서 항일 투쟁 초파년噍吧年 사건 발발[일명 여청방女淸芳혁명사건·서래암西來庵 사건: 일본의 타이완 침탈 당시 항일의용군에 참여했고 서래암을 거점으로 항일운동에 종사하던 여청방이 나준羅俊·강정江定 세력과 항일 거사를 도모하던 중 발각되어 6	
월 29일 나준이 피체되자 7월에 갑선포甲仙埔 지청을 공격해 일본경찰과 민간인 사상자 발생. 8.3.남장南庄 파출소를 습격하고 초파년 지역을 공격해 일본 군경과 대치하다가 6일 퇴각. 이 전투에서 여청방측 3백명 사망하고 다수 피체. 여청방 패주 후 일본측은 초파년 일대 보복에 나서 수천 명에 달하는 장정을 도살하는 초파년참안을 일으킴. 8.22.여청방 체포. 1916.5.18.강정 등 2백여명 피체. 재판에 회부된 관련자 1,957명 가운데 866명에 사형 언도]	
도쿄 미곡 시장 폭락	
영국프랑스런던선언에 가입[10.30.공시]	
	5국(일영불이러), 단독불강화單獨不講和선언 조인
조선에 신설한 제19·제20사단의 사령부 이하 배치표 발표[제19사단 나남·제20사단 용산 배치 결정]	
공장법 시행(6.1)에 대비해 경시청 및 오사카 등 8개 도도부현에 공장감독관 설치 공포[5.31.추밀원 반대로 시행일 연기]	
해군항공대령 제정[요코스카橫須賀해군항공대 설치 규정. 3.18.공시. 4.11.시행]	
제4차 러일협약 조인[비밀협약으로 중국이 제3국에 지배당하는 것을 방지하기 위한 협력을 규정]	
광부노역부조규칙 제정[농상무성령 제21호. 광업법 (1905.3.8.제정)에 명시한 부조 내용 통일]. 광업경찰규칙 제정. 공장법 시행령 공포[9.1.공장법 시행]	
	정자툰鄭家屯에 주둔한 일본군과 평톈奉天군 충돌[일본군 전사자 11명 발생]

연	월	일	지역	조선[조선인 관련 포함]
1916	12	5	조선	조선에 신설한 제19, 제20사단의 사령부 이하 배치표 발표(1915.12.23자)에 따라 일본군 2개 사단 상주를 위해 여의도·용산·대구·나남 등지 토지 수십만평을 군용지로 수용
1916	12	13	일본	
1917	3	27	일본	
1917	6	9	조선	면제시행규칙 공포[10.1.시행, 면제 시행으로 전국 200여면 명칭 변경, 일본인 면장 임명 개시]
1917	7	18	조선	전시해상재보험법 공포[9.20.시행]
1917	7	20	일본	
1917	7	29	조선	간도 조선인에 대한 경찰권을 중국관헌에서 일본관헌으로 이관
1917	7	31	일본	
1917	9	1	조선	조선철도를 경유하는 중일간 화물운수업무 개시
1917	9	29	일본/조선	군사구호법 시행령 공포[1917.12.27.조선총독부령 제100호 시행세칙. 1918.1.1.시행. 1937.7.31.폐지(조선총독부령 제97호)]
1917	11	2	미국/일본	
1918	1	12	일본	
1918	1	17	조선	고등고시 및 보통고시령 공포
1918	3	23	일본	
1918	3	25	일본	
1918	3	30	조선	헌병파견소를 헌병주재소로 개정. 화폐법 시행[1920.12.31.구한국화폐 유통 금지. 1925.12.31.구한국화폐 교환 마감]
1918	4	17	일본	

일본(만주국, 남사할린, 타이완, 중국 관내 포함)	유럽. 국지전, 세계대전, 아태전쟁
주식시장 대폭락으로 도쿄·오사카주식시장 주식 거래 정지	
각의, 러시아2월혁명 후 러시아 임시정부 승인 결정	
각의결정[대화對華외교정책]. 군사구호법 공포[상이군인과 가족의 구호를 명시. 1918.1.1.시행. 1919.10.10. 시행절차 개정. 1931.3.30.군사구호법 개정]	
관동도독부 관제 개정. 척식국 관제 설치[내각에 척식국 설치]. 조선국유철도경영권을 남만주철도㈜ 위탁하는 칙령 공포	
군사구호법 시행령 공포[조선과 타이완 화태에 적용]. 전시선박관리령 공포	
미·일, 중국에 대한 공문 교환하고 이시이石#-렌싱협정 조인[중국의 기회균등·문호개방·일본의 특수지위 승인. 1923.4.14.미일 양국, 협정 폐기 공문 교환]	
	일본, 거류민 보호를 이유로 블라디보스톡에 군함 2척 파견[4.5.영일육전대, 블라디보스톡 상륙]
전시이득세법 공포[5.13.조선에 공포]	
군용자동차보조법 공포	
군수공업동원법 제정[육군 주도로 제정. 정부가 군수공업에 대해 보호·장려·감독할 수 있도록 규정. 관할기관으로 군수국 설치. 1920.5.내각통계국과 함께 국세원國勢院에 통합. 시베리아 출병을 고려해 제정했으나 1937년 중일전쟁 전면화 이전까지 발동되지 않았음. 그러나 국가기관이 총동원체제 구축 준비를 위해 조사법을 입안할 단서를 얻었다는 점에서 일본 국가총동원 관련법의 효시로 평가받음. 10.1.공포 시행. 조선·타이완 식민지에 적용. 1919.1.13.군수공업동원에 관한 공장 사업장 임시조사 규정 공포. 1919.2.군수조사령 제정. 1920.8.28.군수공업동원법 시행의 통할에 관한 건 공포]	

연	월	일	지역	조선[조선인 관련 포함]
1918	5	1	조선	조선임야조사령 공포 시행
1918	5	16	일본/중국	
1918	5	29	조선	조선주차군을 조선군으로 개칭
1918	7	23	일본	
1918	8	2	일본	
1918	8	27	일본	
1918	9	24	중국	
1918	10	1	조선	조선식산은행 설립. 군수공업동원법 공포 시행[칙령 제365호]
1918	10	25	조선	국세조사시행령 공포
1918	11	20	일본	
1918	12	6	일본	
1918	12	16	조선	조선광업령 개정
1919	1	6	일본	
1919	1	18	유럽	
1919	1	22	조선	고종, 덕수궁에서 승하[3.1.국장 거행. 3.1운동 발발. 4.8.일본각의, 조선에 보병6대대와 헌병 400인 증파 결정 발표]

일본(만주국, 남사할린, 타이완, 중국 관내 포함)	유럽. 국지전, 세계대전, 아태전쟁
중·일, 일화육군공동방적日華陸軍共同防敵군사협정 조인[시베리아 방면의 공동 적을 방위하기 위해 일본군 파병과 중국의 협력 의무 등을 규정. 5.19.해군협정에 조인. 1921.1.28.폐기]	
도야마富山현에서 쌀폭동 발발[8.3. 쌀폭동이 전국 중소도시로 확산되자 군대가 출동해 진압, 3개월간 70만명이 참가했으며 8,200여명이 피검. 1921.4.20. 미곡법 제정. 쌀 가격을 조절하는 식량관리 시작. 1933.3.29.미곡통제법 제정. 1936.5.27.미곡자치관리법 제정]	
	일본, 시베리아 출병 선언[8.4.시베리아에서 미일공동행동 선언]
야마구치현山口縣 우베宇部탄광에서 쌀폭동에 수반한 폭동 진압을 위해 군대 출동	
중일, 산동성에서 문제처리에 관한 일화日華공문·만몽4철도에 관한 일화공문 교환	
용인부조령 공포[칙령 제382호. 1919.1.1.시행]	
대학령 공포[공사립대학과 단과대학의 설립 허가, 분과대학제를 폐지하고 학부제로 변경]	
도쿄조선유학생학우회 주최 신년웅변대회에서 조선독립선언임시실행위원 11명 선임, 2.8독립운동 준비[1.7.조선인유학생 200여명이 도쿄조선기독청년회관에 모여 독립선언계획을 결의하고, 비밀결사 조선청년독립단 결성. 2.7.최팔용崔八鏞 등이 독립선언서 600부 작성 인쇄]	
	파리강화회의 개회[1.27.일본 전권대사, 자오저우만과 적도 이북 독일령 여러 섬의 무조건 양도를 요구. 5.7.강화회의, 적도 이북 남양군도의 통치를 일본에 위임 결정. 6.28.강화조약 조인]

연	월	일	지역	조선[조선인 관련 포함]
1919	2	8	일본	
1919	2	25	소련	
1919	3	1	조선	민족대표 33인, 경성에서 조선독립선언 발표. 한반도 전역으로 독립운동 확산 [3.1운동 발발]
1919	4	11	중국	
1919	4	12	만주	
1919	4	15	조선	조선인 여행단속에 관한 건 공포[경무총감부령 제3호. 해외 도항을 희망하는 조선인은 거주지 관할 경찰기관으로부터 여행증명서를 발급받도록 규정]
1919	5	7	일본	
1919	5	8	조선	대전감옥 설치
1919	6	28	일본	
1919	7	19	만주	
1919	8	12	조선	하세가와총독 면직, 사이토 마코토齋藤實 총독 임명[9.2.강우규姜宇奎, 남대문 역두에서 신임총독일행을 습격. 9.3.사이토총독, 조선총독부 및 소속 관서에 문화정치 표방]
1919	8	19	조선	조선총독부경찰관서관제 폐지의 건 공포 시행[칙령 제387호. 조선헌병대사령관·헌병대장의 경무총장·각도 경찰부장 겸임 제도 폐지]
1919	8	20	일본/조선	헌병조례개정의 건 공포 시행[칙령 제397호. 헌병이 보통경찰업무를 집행하는 법적 근거였던 조선주차헌병조례(1910.9.10)를 폐지했으나 헌병경찰제도는 존속. 1920.4.19.일본인 순사 1,636명, 인천항 도착]. 조선총독부 관제 개정 공포
1920	1	6	조선	한글 신문 조선일보·동아일보·시사신문 발행 허가[3.5.조선일보 창간. 4.1.동아일보 창간]

일본(만주국, 남사할린, 타이완, 중국 관내 포함)	유럽. 국지전, 세계대전, 아태전쟁
도쿄의 조선유학생들이 조선민족대회 소집 청원서와 조선독립선언서 발표하고 대표 27명이 일경에 피체[2.8독립운동. 2.12.이달李達 등 조선청년독립단 후임 위원들이 조선인 유학생 100여명과 함께 도쿄 히비야日比谷공원에서 집회. 3.9.조선청년독립단, 유학생들에게 학교를 동맹 휴학하고 귀국해 조선의 독립운동에 합류할 것을 호소하는 격문 발송(5.15까지 359명 귀국). 3.19.오사카에서 유학생 염상섭廉尙燮이 학생·노동자 등과 함께 덴노지天王寺공원에서 조선독립선언서 살포하던 중 피체]	
	일본군, 시베리아 유타후지역에서 보병 제72연대 다나카中田 지대 전멸[350명 전사]
대한민국임시정부 수립하고 임시헌장 10개조 채택, 독립신보 발행[중국 상하이上海. 4.13.대한민국임시정부의정원법 제정, 정부 수립을 내외에 선포. 6.15. 인구세 징수령 세칙 공포. 7.10.국무원 제1호로서 연통제 실시 공포. 7.11.상하이임시의정원과 노령국민의회 합병 결의. 8.21.기관지 '독립' 창간. 9.11임시헌법 공포]	
관동청 관제, 관동군사령부조례 공포	
중국인 유학생 2천명, 도쿄에서 국치기념 시위	
일본, 베르사이유강화조약 조인·국제연맹규약에 서명·국제노동기구 ILO가맹[ILO: 베르사이유강화조약 제13항에 따라 국제연맹과 더불어 창립, 국제연맹 가입]	
	만주 콴청쯔寬城子에서 중·일 양군 충돌[일본군 사상자 다수 발생]
조선총독부·타이완총독부 관제 개정 공포[문관 총독 인정하고 총독의 육해군 통솔권 삭제. 10.29.타이완총독에 최초의 문관 총독으로 덴 겐지로田健治郞 임명]	

연	월	일	지역	조선[조선인 관련 포함]
1920	1	9	일본	
1920	2	4	일본	
1920	3	1	일본	
1920	3	12	소련	
1920	3	15	일본	
1920	5	2	일본	
1920	5	15	일본	
1920	7	15	소련	
1920	8	28	일본	
1920	9	12	만주	
1920	10	1	일본	
1920	10	2	일본	
1920	10	10	조선	조선교육령 개정 공포[보통학교 교과에 한국역사·지리를 폐지하고 일본지리·역사 추가]
1921	2	12	조선	조선총독부관제 개정[조선인 고등관 특별 임용 범위확대]
1921	3	18	일본	
1921	4	25	조선	조선군군법회의 설치
1921	6	7	조선	조선인과 일본인간 혼인에 대한 민적 수속에 관한 건 공포[조선총독부령 제99호. 내선통혼에 관한 절차 규정 마련]
1921	7	7	일본	

일본(만주국, 남사할린, 타이완, 중국 관내 포함)	유럽. 국지전, 세계대전, 아태전쟁
일미공동관계 단절	
야하타 제철소 조선인 김영문金泳文, 노동자 파업 주도[2.5.일본인 노동자 23,000명이 파업을 이어감]	
조선인들이 도쿄 조선기독청년회관에서 3.1운동 1주년 기념 집회 개최[중도에 해산되자 히비야공원에서 태극기를 들고 '대한국 만세'를 외치며 시위]	
	일본군, 니콜라예프스크에서 패배[3.18.전투 중지. 5.24.혁명파가 수용 중인 일본 군인과 거류민 등 122명과 반혁명파 러시아인 수천명을 살해하는 니항尼港사건 발생. 7.15.시베리아파견군, 극동공화국과 정전협정서에 조인. 12.12.일본군, 하바로프스크 철수 완료]
제1차 세계대전 후 공황으로 주식시장 주가 폭락하고 전후공황 시작[3.16-3.17.도쿄주식시장 휴업]	
일본 최초의 메이데이 행사 개최[도쿄 우에노上野 공원에서 1만여명이 참가해 치안경찰법 폐지·최저임금법 제정·실업방지 등 결의]	
철도성 관제 공포[철도원을 성으로 승격]. 국세원 관제 공포[내각통계국과 군수국을 병합. 1921.12.폐지되었다가 1925.8.국가총동원기관설치위원회로 기능 부활]	
	일본 시베리아파견군, 극동공화국과 정전협정서에 조인
군수공업동원법 시행의 통할에 관한 건 공포	
	일본군, 만주출병의 구실을 위해 매수한 마적으로 훈춘성琿春省 습격[제1차 훈춘사건. 10.2.제2차 훈춘사건 발발. 마적 공격으로 훈춘의 일본영사관이 소실되자, 일본군이 출병해 조선 주민을 무차별 학살. 10.5.일본군, 북간도 일대에서 조선인 대학살 시작]
제1회 국세조사 실시[조선·관동주·남양군도·칭다오 등에서도 동시에 임시호구조사 실시]	
경시청 특별고등과에 노동계를 설치	
내무성·육군성, 항공취체규칙 공포	
고베神戸 미쓰비시三菱·가와사키川崎 조선소 노동자 파업 격화[약 3만명 참가, 전시체제 이전 시기 최대 규모의 파업. 8.12.쟁의단, 패배를 선언]	

연	월	일	지역	조선[조선인 관련 포함]
1921	10	3	일본	
1921	11	4	일본	
1921	11	12	미국	
1921	11	21	일본	
1921	12	23	일본	
1921	12	28	조선	조선광업령 개정
1922	2	4	미국	
1922	2	6	조선	조선교육령 개정 공포[일명 제2차 조선교육령. 칙령 제19호. 일본어 교육 강화 및 보통학교 수업년한을 6년으로 연장. 조선인의 교육은 보통학교·고등학교·여자보통학교에서 행하고, 일본인은 국민학교·중학교·고등여학교에서 행하도록 함]
1922	2	6	미국	
1922	2	20	조선	고등보통학교규정 공포[4.1.시행]
1922	2	23	조선	사범학교규정 공포[4.1.시행]
1922	3	7	조선	공사립전문학교규정 공포[4.1.시행]
1922	3	31	일본	
1922	4	20	일본	
1922	7	3	일본	
1922	7	13	조선	호구조사규정 공포[훈령 제33호]

일본(만주국, 남사할린, 타이완, 중국 관내 포함)	유럽. 국지전, 세계대전, 아태전쟁
대일본노동총동맹 우애회, 일본노동총동맹으로 개칭	
하라 게이原敬총리, 도쿄역에서 피살[11.5.내각 총사직]	
	워싱턴 회의 개최[미국 하딩대통령 제창으로 개최. 미·영·프·이탈리아·일·네덜란드·벨기에·포르투갈·중국 등 9개국 참가. 제1차 세계대전 후 중국과 태평양 문제·해군군축 문제 토의. 12.13.워싱턴 회의에서 태평양 방면의 현상유지에 대한 영·일·미·프 4개국 조약 체결로 인해 영일동맹 파기. 1921.12.13.영·일·미·프 4개국 조약 조인. 1922.2.6.워싱턴 군축회의에서 해군군비제한 조약 조인. 1923.4.14.이시이-랜싱 협정 폐기]
박열朴烈 등 조선인 20여명이 사회주의 단체 흑도회黑濤會 결성[7.10.기관지 '흑도' 창간]	
이기동李起東·박춘금朴春琴, 도쿄에서 상애회相愛會 결성[일본정치가들의 원조를 얻어 결성한 조선인 탄압 단체. 노동현장에서 조선인 노동자를 착취하고 파업 노동자를 탄압하는 역할. 1941.4.당국의 결정에 따라 해산]	
	중·일, 워싱턴에서 산둥山東문제 해결에 관한 조약 조인[6.2.공포. 12.17.일본 칭다오靑島수비군 철병 완료]
	워싱턴 군축회의, 해군군비제한 조약 조인하고 전체 일정 종료[미영일의 주력함 비율을 5:5:3으로 결정. 3.21.일본의 관업노동자, 오사카·나고야·야하타에서 정부를 상대로 군축에 따른 실업구제 요구하며 대규모 시위. 1923.8.17.공포. 1934.일본, 조약 파기]
남양청 관제 공포[4.1.시행]	
치안경찰법 개정 공포[여성의 정치집회 참가와 모임 발기를 허가]	
해군, 군비제한계획 발표[7.4.육군, 군비제한계획 발표]	

연	월	일	지역	조선[조선인 관련 포함]
1922	7	15	일본	
1922	7		일본	
1922	9	7	일본	
1922	10	14	일본	
1922	12	6	일본	
1922	12	15	조선	조선총독부령 제153호를 통해 여행증명서 제도 및 조선인 일본도항 규제를 규정한 조선총독부 경무총감령 제153호 폐지
1922	12	18	조선	조선호적령 제정 공포[1923.7.1.시행. 일본호적법을 근본으로 조선의 특수사정을 감안해 입안. 기존의 '민적民籍'을 '호적戶籍'으로 고치고 조선인에게만 적용하는 법규임을 명확히 함, 조선인을 일본국적자이면서 동시에 조선적을 보유한 존재로 설정. 조선호적령 제정 공포로 인해 1909년에 제정된 민적법과 기타 구 법령 폐지]
1922	12	24	일본	
1922	12	27	일본	
1923	1	1	조선	남대문역, 경성역으로 개칭
1923	2	28	일본	
1923	3	30	일본	
1923	4	13	조선	은급법恩給法 공포
1923	5	14	일본	
1923	8	28	조선	조선감화원령 공포[10.1.시행]

일본(만주국, 남사할린, 타이완, 중국 관내 포함)	유럽. 국지전, 세계대전, 아태전쟁
일본공산당 결성[비밀결사]	
김천해金天海 등 조선인들이 도쿄에서 도쿄조선노동동맹회 결성[조선노동운동의 국제적 진출·세계무산자 계급 승리·일본 거주 조선인 노동자의 계급 의식 촉진 및 직업 안정의 목적]	
니가타新潟조선인노동자학살사건조사회, 도쿄에서 진상보고연설회 개최[일명 니가타조선인노동자학살사건: 7월에 니가타현 신에쓰信越 수력발전소 공사장에서 다수의 조선인 노동자 시체가 발견되어 관할 경찰서가 조사에 착수한 결과 100여명이 하청업자로부터 피살되거나 낙반사고로 사망했음이 알려짐. 9월에 도쿄와 규슈九州 등 일본 전국 각지 광산·공장 등에서 진상보고연설회 개최되고 조선 각지에서 규탄대회와 보고회 개최]	
감옥 명칭을 형무소로 개칭[1923.5.5.조선에 적용]	
송장복宋章福 등 오사카 거주 조선인들이 오사카조선인노동동맹회 결성	
오이타大分현 규슈전력전기㈜ 수력발전소 공사장에서 사고로 공사 인부 100여명(조선인 포함)이 매몰 사망	
요코스카 해군공창, 세계최초의 신형 항공모함 '호쇼鳳翔' 건조 완성	
제국국방방침, 제국국방에 요하는 병력 및 제국군용병강령 개정 재가[가상적국을 소→미→중에서 미→소→중 순서로 변경]	
공장법 개정 공포[15세 미만 적용을 16세 미만으로 올리고 고용자 책임을 가중화. 공장노동자최저연령법 공포[14세 미만 취업 금지]	
내무성, 각 청과 부현에 의명통첩依命通牒(조선인노동자모집에 관한 건) 통달[내무성과 조선총독부 치안당국의 협의 아래 협정을 맺고 조선인의 자유도항 저지. 조선인의 불만이 확대되자 1924.6.1.도일 제한을 폐지하고 거주지 경찰 발행 증명으로 도일 허용]	

연	월	일	지역	조선[조선인 관련 포함]
1923	9	1	일본	
1923	9	2	일본	
1923	9	12	일본	
1923	11	10	일본	
1923	12	27	일본	
1924	3	1	일본	
1924	5	1	일본	
1924	5	2	조선	경성제국대학관제, 대학예과규정 공포
1924	6	1	일본	
1924	8	23	일본	
1924	9	1	일본	
1924	11	12	일본	
1924	12	29	일본	
1925	1	20	중국	

일본(만주국, 남사할린, 타이완, 중국 관내 포함)	유럽. 국지전, 세계대전, 아태전쟁
관동지방에 오전 11시 58분에 진도 6 규모의 대지진 발생해 340만명의 이재민이 발생하고 14만여명이 사망 및 행방불명[9.2.일본군경이 조선인과 사회주의자에 대한 탄압 시작, 조선인 대학살, 도쿄와 주변 지역에 계엄령 선포. 이 과정에서 최소 6천명 이상의 조선인·200여명의 중국인·소수의 일본인 피살. 9.7.사회주의자와 조선인 처벌을 목표로 긴급 칙령 치안유지에 관한 건을 공포하고 시행. 지진 후유증으로 진재공항이라는 사태가 발생해 1927년 금융공황으로 이어짐. 일본정부는 1960년에 매년 9월 1일을 '재해災害의 날'로 지정해 운영, 1주일간을 방재주간으로 설정하고 행사 개최]	
도쿄경시청, 대역사건 발표[일명 박열 사건 : 1925.10.20.도쿄경시청, 박열朴烈·가네코 후미코金子文子부부를 대역죄 용의자로 기소. 1926.3.25.대심원, 박열부부에 사형선고. 4.5.무기징역으로 감형. 7.23.가네코 후미코, 옥중에서 사망]	
제도帝都 부흥에 관한 조서 발표	
국민정신작흥에 관한 조서 발표	
도라노몬虎ノ門 사건 발생[무정부주의자 난바 다이스케難波大助가 섭정 히로히토 친왕을 저격한 사건. 야마모토山本내각 총사퇴]	
도쿄조선노동동맹회 등 6개 조선인 단체, 도쿄에서 3.1운동기념연설회 개최	
내무성, 오사카에 조선인 통제 목적의 관변단체인 내선협화회內鮮協和會 설립	
내무성, 조선총독부와 협의 아래 조선인 도일 제한을 폐지하고 거주지 경찰이 발행하는 증명서 소지자에게 도일 허용	
오사카 거주 조선인 3천명, 조선언론집회압박탄핵대연설회 개최	
오사카시, 오사카시 비상변재요무규약非常變災要務規約 제정 실시[군관민 연대에 의해 지진과 같은 비상사태에 대처하기 위한 방안. 1930.7.31.도쿄시에 제정]	
전국학생군사교련 반대 동맹 결성[4.13.육군현역장교학교배속령 공포되어 육군현역장교에 의한 교련수업 실시]	
내무성, 노동자모집취체령 공포	
	소일기본조약 조인[중국 베이징北京. 양국간 국교 회복. 2.25.비준. 2.27.공포]

연	월	일	지역	조선[조선인 관련 포함]
1925	2	22	일본	
1925	3	1	일본	
1925	3	31	조선	철도국을 신설하고 남만주철도㈜에 대한 철도경영권위탁을 해제
1925	4	22	일본	
1925	5	1	일본	
1925	5	5	일본	
1925	5	15	사할린	
1925	5	23	조선	
1925	5	28	중국	
1925	6	1	조선	교련교수요목을 제정 공포해 각 학교 훈련교재로 사용하도록 함[1942.5.23.폐지. 육군현역장교의 배속을 받은 학교의 교련요수요목 제정]
1925	6	11	조선/만주	조선총독부·중국 펑톈성奉天省, 불령선인 취체에 관한 협정 조인[일명 삼시三矢협정]
1925	7	2	일본	
1925	7	8	조선	칙령 제246호(1925.7.2)에 의거해 육군 현역장교를 학교에 배치[1926년부터 관립경성사범학교·공립중학교 10개교·실업학교 3개교에 육군현역장교를 배속해 학교 교련 실시]
1925	8	4	일본	
1925	8	14	조선	축우일본수입에 관한 건 공포[조선총독부령 제78호, 한국소를 일본에 송출·수송하기 위한 법. 1932.9.27.대일수출우검역규칙 공포]
1925	10	1	조선	간이국세조사 실시

일본(만주국, 남사할린, 타이완, 중국 관내 포함)	유럽. 국지전, 세계대전, 아태전쟁
재일본조선노동총동맹 창립 대회 개최[조선인 노동단체 지도기관. 1930.1.7.코민테른 지시에 따라 해체하고 조합원 일부는 일본노동조합전국협의회로 해산]	
도쿄방송국JOAK, 라디오 시험방송 개시[7.12.본방송 시작. 청취자 5,455명, 청취료 월 1엔]. 조선유학생학우회 등 조선인 6개 단체 대표 250명이 도쿄에서 3.1운동기념대회 개최[124명 피검]	
치안유지법 공포[법률 제46호. '국체國體 또는 정체政體를 변혁하거나 사유재산제도를 부인하는 것을 목적으로 결사를 조직하거나 또는 사정을 알고 이에 가입한 자는 10년 이하의 징역 또는 금고에 처한다'는 조항(제1조)을 명시하고, 국체는 천황으로 규정. 5.8.조선에 공포, 1926.4.9.개정 공포]	
육군 4개 사단 폐지 공포[육군 군비제한계획에 따른 조치]	
보통선거법 공포[납세조건 완전 폐지, 25세 이상 남성에게 선거권이 주어져 33만명이었던 유권자가 1,250만명으로 확대. 여성 제외]	
	일본 북화태파견군, 철수 완료
국세조사시행령 공포[10.1.간이국세조사 실시]	
	일본군, 칭다오青島의 재화在華방적 노동자 파업 진압을 위해 뤼순에서 구축함 2척 파견
문부성, 육군현역장교학교배속령 공포[칙령 제246호. 육군현역장교를 학교에 배속해 남학생들에게 군사교련 실시. 7.8.조선에 적용]	
국가총동원기관설치위원회 설치[1924.3.의회가 내각에 제출한 건의안 가결에 따라 폐지(1921.12)되었던 국가총동원 관할 기관을 부활. 국가총동원준비기관의 조직과 권한·서무방법 등을 연구심의할 목적으로 설치. 위원회 보고에 따라 1927.5.자원국 설치]	

연	월	일	지역	조선[조선인 관련 포함]
1925	10	15	일본/조선	조선신궁, 기공식[남산 한양공원]
1925	12	14	일본	
1926	1	2	일본	
1926	1	6	조선	조선총독부 청사 이전[경북궁안 신청사로 8일까지 3일간 이전. 10.1.신청사 낙성식, 675만원 소요. 10년 3개월만에 완공]
1926	4	9	일본/조선	
1926	4	20	일본	
1926	4	26	일본/조선	순종황제 승하[4.27.일본궁내성, 왕세자 이은의 왕위계승 발표. 6.10.순종황제 국장을 계기로 국내에서 6.10만세운동 전개]
1926	8	6	일본	
1926	11	30	조선	경성방송국(JODK) 성립[12.9.조선총독부 설립 인가. 1927.2.16.정동에서 호출부호 JODK로 조선·일본어 혼합 단일방송 개시. 1937.4.17.출력 50KW로 방송 실시]
1926	12	25	일본	
1927	1	20	일본	
1927	2	18	일본	
1927	3	3	일본	

일본(만주국, 남사할린, 타이완, 중국 관내 포함)	유럽. 국지전, 세계대전, 아태전쟁
홋카이도 오타루小樽고등상업학교, 조선인 폭동을 상정한 군사교련 실시. 일본 전국의 조선인·노동자·학생을 중심으로 군사교육반대운동 전개[일명 오타루고상사건]	
소·일, 석탄 및 석유에 관한 북화태이권협약 조인	
미에三重현 학살사건 발생[일본주민·재향군인회의·청년자경단 등 2천명이 경찰의 협조 아래 도로공사장에서 일하던 조선인 인부 60여명의 숙소를 습격해 2명 학살. 1.18.재일본조선노동총동맹을 비롯한 12개 조선인 단체가 미에현학살사건조사회를 구성. 2.27. 미에현학살사건조사회, 자유법조단과 정치연구회 후원으로 도쿄에서 사건비판대연설회 개최. 3.1.오사카조선노동조합관서연합회, 미에현학살사건규찬연설회 개최]	
노동쟁의조정법·치안경찰법 개정 공포[공공기업 등의 노동자파업에 강제조정 규정 추가, 파업 권유행위에 대한 처벌규정 삭제. 5.8.조선에 공포. 7.1.시행]	
청년훈련소령 공포[7.1.시행]	
하마마쓰濱松에 있는 일본악기 종업원 1200명, 대우개선을 요구하며 파업[5.18.조선노동자 탄압단체인 상애회가 파업단을 습격해 재일본조선노동총동맹 회원 10명에게 중상을 입힘. 8.8.노동자측 패배로 종결]	
도쿄·오사카·나고야 3방송국 합동으로 일본방송협회NHK 설립	
다이쇼大正천황 사망, 황태자 히로히토裕仁가 황위계승, 쇼와昭和로 개원[1927.2.7.장례식 거행]	
	영국대사, 상하이 공동 출병 제의[5.28.제1차 산둥山東 출병. 6.27.일본, 동방東方회의 개최해 대륙진출정책 토의. 7.7.일본, 대지對支정책강령 발표. 1928.4.19. 일본, 제2차 산둥 출병. 5.3.산둥성에서 일본군이 국민정부군과 충돌하는 제남濟南사건 발발. 5.3.관동군 고모토 다이사쿠河本大作참모, 장쭤린張作霖 폭살. 1929.7.2.장쭤린폭사사건 처리 실패 책임을 지고 다나카내각 총사직]
도쿄에서 18개 조선인단체가 반일투쟁과 공동목적 달성을 위해 조선인단체협의회 결성	
메이지明治절 제정 조서 발포	

연	월	일	지역	조선[조선인 관련 포함]
1927	3	15	일본	
1927	3	24	중국	
1927	3	31	조선	학교 교과목 중 일본역사를 '국사'로 명칭 개정
1927	4	1	일본	
1927	4	3	중국	
1927	5	27	일본	
1927	5	28	일본	
1927	6	27	일본	
1927	9	16	일본	
1927	9	30	조선	조선비료취체령(제령 제14호)·시행규칙·시행세칙 공포[1928.1.시행]
1927	12	6	조선	사이토총독 사표 제출[12.10.육군대장 야마나시 한조山梨半造총독 임명]
1927	12	28	조선	조선토지개량령 공포[제령 제16호. 경지정리를 위해 토지소유권 변동을 정리하기 위한 법제]
1928	2	2	일본	
1928	2	20	일본	
1928	3	15	일본	

일본(만주국, 남사할린, 타이완, 중국 관내 포함)	유럽. 국지전, 세계대전, 아태전쟁
금융공황 발발[제1차 세계대전 후 불황과 1923년 관동지진 후 불황의 만성화로 발생. 와타나베渡邊 은행 등 대형은행 휴업]	
	난징南京사건 발생[난징에 입성한 국민혁명군이 일본영사관을 습격해 영사관원을 폭행]
병역법 공포[징병령(1873.1.10.제정)폐지, 일본국민 남자에게 병역 부과, 군축 관련한 제도 개정. 병역을 상비병역·후비병역·보충병역·국민병역으로 구분. 12.1.시행. 12차례 개정. 1945.11.17.병역법폐지등에 관한 건에 의해 폐지]	
	한커우漢口사건 발생[일본군 수병과 중국인 군중이 충돌해 중국 군중이 일본 조계를 습격하자 일본육전대가 상륙]
자원국관제 공포[자원국 신설. 국가총동원 기관으로 구상·설치. 인적물적자원의 통제와 운용계획을 관장하는 기관. 주로 총동원에 관한 각국 제도 시설의 조사 연구·관련 법령의 준비 입안·자원현황 조사 등 업무 담당. 1929.4.1.자원조사법 제정]	
	일본, 제1차 산둥 출병[중국 국민당이 북벌군(1926. 7)을 결성해 상하이·난징을 점령(1927.3)하는 등 세력을 만주로 확장하자, 저지하기 위해 일본인 보호를 명목으로 관동군 2천명을 급파]
외무성·육군성·관동군 수뇌들이 중국정책 결정을 위해 동방회의 개최[7.7.동방회의 종료. 다나카 기이치田中義一외상, 권익자위방침을 내용으로 한 대지對支정책강령 발표]	
치바千葉현에 있는 노다野田장유회사 종업원, 노동조건 개선을 요구하며 파업[1928.3.4.종료. 전시체제기 이전 시기에 발생한 가장 긴 노동자 파업]	
조선인노동자들이 재일본조선청년동맹 결성하고 도쿄·오사카·교토京都에 지부 설치[1929.12.19.임원회의에서 해체 결의]	
제16회 총선거 실시[최초의 보통선거]	
3.15사건[공산당이 국체를 파괴하고 혁명수행을 음모한다는 이유로 공산당원과 동조자를 대상으로 전국적으로 대대적인 검거 실시. 1,568명 검거하고 483명 기소. 1931.6.25.통일 공판 개시. 1932.10.29.판결]	

연	월	일	지역	조선[조선인 관련 포함]
1928	4	19	일본	
1928	5	3	일본	
1928	6	16	조선	임시교육심의위원회를 설치하고 초급학교 증설계획 수립
1928	6	29	일본	
1928	7	2	일본	
1928	7	3	일본	
1928	7	5	일본	
1928	8	27	유럽	
1928	9	1	조선	전 여객열차에 경찰을 승무시키는 이동경찰제 신설 설치
1928	12	2	조선	울산비행장 개장
1929	2	5	일본	
1929	3	28	일본	
1929	4	1	일본/조선	여의도비행장 개장. 일본항공수송㈜가 도쿄-울산간·울산-다롄大連간 항공로 개설하고 주 3회 왕복으로 우편화물 운송
1929	4	11	조선	자원조사법 공포[인적·물적 자원을 조사하기 위한 규정. 법률 제53호. 12.1.시행]
1929	4	16	일본	
1929	4	19	조선	조선교육령 개정 공포[사범학교 특과 폐지·심상과 설치 등]
1929	4		일본	
1929	6	3	일본	

일본(만주국, 남사할린, 타이완, 중국 관내 포함)	유럽. 국지전, 세계대전, 아태전쟁
	일본, 제2차 산둥 출병 결정[5.8.중국 북벌군의 북벌이 재개되자 육군 5천명 파견]
	지난濟南사건 발발[산둥성에서 일본군이 국민정부군과 충돌. 5.8.일본군, 산둥파견군에 제3사단을 증파하는 산둥3차 출병 단행하고 지난을 총공격. 5.11.지난성 점령. 1929.3.28.지난사건 해결에 관한 중일공동성명서 및 의정서 조인. 5.20.일본군 철수]
치안유지법 개정 공포[긴급 칙령 제125호에 의해 공포하고 칙령 제129호 치안유지법중개정긴급칙령을 통해 당일 시행을 단행. 최고형에 사형과 무기징역을 추가]	
육군성, 조선치안경비를 담당할 독립수비대를 설치하기로 하고 대장성에 소요예산을 제출	
전국 각 현 경찰부에 특별고등경찰과 설치를 공포	
육군 제4사단 주최로 오사카에서 최초로 군관민 합동 방공防空 연습을 7일까지 실시[처음으로 등화관제 실시. 1929.7.19-21.제3사단 주최로 나고야名古屋 방공 연습 실시. 1929.11.14-17.3일간 이바라키茨城현에서 육군특별대연습 실시. 1931.7.16-18.제12사단 주최로 기타큐슈北九州 방공 연습 실시]	
	파리부전不戰조약 조인[15개국 참가, 국책수단으로 전쟁 방기를 결의]
각의, 자원통제운용계획설정에 관한 건 결정[이를 근거로 4월에 '당장 계획해야 할 자원의 범위와 계획의 정도를 한정'한 잠정총동원기간계획설정처리 요강 책정]	
공장법 개정 공포[여성·연소자 심야업 폐지. 7.1.시행]	
자원조사법 제정[법률 제53호. 자원국의 2년간 연구 검토 끝에 '일본 총자원의 통제운용 계획에 필요한 자원 조사'를 목적으로 제정. 11.8.공포. 12.1.시행. 조선에서도 동일한 시기에 시행]	
4.16.사건[공산당원에 대한 전국적 검거로 339명 기소. 1931.6.25.통일 공판 개시. 1932.10.29.판결]	
잠정총동원기간계획설정 처리요강 책정	
중국 국민정부 정식 승인[1930.10.29.각의 결정을 통해 정식 호칭을 '지나支那'에서 '중화민국'으로 변경]	

연	월	일	지역	조선[조선인 관련 포함]
1929	6	10	일본	
1929	6	18	일본	
1929	6	24	조선	조선 의옥疑獄사건 발생[8.17.야마나시 조선총독 사임. 12.28.야마나시 기소]
1929	7	18	일본	
1929	7	19	일본	
1929	8	3	일본	
1929	8	12	일본	
1929	8	17	조선	사이토 전 총독이 제5대 조선총독으로 재임명됨
1929	9	10	조선	조선통치20주년 기념 조선박람회 개막. 일본항공운수㈜, 후쿠오카福岡-울산-경성-다롄간 여객 항공선 개설
1929	10	1	조선	청년훈련소 규정 제정[조선총독부령 제89호, 각 부와 면에 청년훈련소 설치를 규정. 16-17세 미만인 자를 대상으로 매년 4월에 입소해 4년간 훈련받도록 규정. 1938.3.31.개정. 훈련대상자 연령 제한 삭제하고 학력정도에 따라 구분]
1929	11	3	조선	광주학생독립운동 발발[전국으로 확대되어 1930.3월까지 194개교 5만 4천여명이 참가해 580여명이 투옥되고 2,330명이 무기정학 처분을 받음. 관련자들에게 치안유지법위반을 적용해 중형을 판결]
1929	11	14	일본	
1929	11	21	일본/조선	금수출해금령 공포
1929	12	1	일본/조선	자원조사법 적용 시행에 따라 공장·광업·해사·전기·항만·자동차·사설철도 자원조사에 관한 각종 규칙 공포 시행
1929	12	28	일본	
1930	2	26	일본	
1930	4	21	일본	

일본(만주국, 남사할린, 타이완, 중국 관내 포함)	유럽. 국지전, 세계대전, 아태전쟁
척무성관제 공포[척무성 설치, 총리대신 겸임]	
각의, 총동원계획설정서무요강 결정[정부 공식 문서에서 최초로 '국가총동원' 용어 사용]	
각의, 총동원계획설정처무요강 결정[계획설정사무 계통일람표를 비롯해 총동원설정 사무의 기본 지침 미련]	
제3사단 주최로 21일까지 3일간 나고야名古屋 방공 연습 실시[우가키 육군대신을 비롯한 군 고위 관계자가 참석해 등화관제를 비롯한 방공 연습 상황을 참관]	
내무성 경보국, 통첩(조선인 노동자의 증명에 관한 건) 발송[일시귀선증명서 제도. 1930.7.17.일부 개정]	
내무성, 최초로 전국실업상황조사 실시[11월에 실업자 26만 8,590명 발표]	
17일까지 3일간 이바라키茨城현에서 육군특별대연습 실시[천황이 대원수 자격으로 참석. 방공통신연습과 등화관제 등 방공 훈련]	
대장성, 금해금에 관한 성령省令 발표	
자원조사법 시행[인적물적자원 조사의 필요성이 있는 경우에 정부가 개인이나 법인에게 보고나 실시 신고를 명령할 수 있도록 규정. 조선에서도 시행. 군수조사령 폐지. 12.11.자원조사령 제정. 자원조사법 시행요령을 규정]	
1930년 국세조사시행령 발포[칙령 제396호. 1930.2.25.조선총독부, 1930년 조선국세조사 시행규칙 공포]	
공산당원 전국 일제 검거[7월 까지 계속]	
조선인 선박노동조합인 동아통항조합 설립 대회 개최[오사카. 오사카-제주도간 정기선을 운영해 조선인의 통항권리 확보]	

연	월	일	지역	조선[조선인 관련 포함]
1930	4	22	일본	
1930	4		일본	
1930	5	30	만주	
1930	6	9	조선	조선자원조사위원회 규정 공포하고 조선자원조사위원회 설치[조선총독부 내훈 제6호. 자원조사에 관한 사항과 총동원계획 설정상 필요한 사항을 심의할 목적으로 설치. 6.24.제1회 조선자원조사위원회 개최]
1930	6	12	조선	총동원계획에 관한 기밀서류취급규정 제정[조선총독부 내훈 제7호. 총동원계획에 관계된 기밀사항을 포함한 문서를 모두 기밀문서로 지정하고 관리는 관방문서과가 담당. 1931년 12월부터 군기軍機문서로 취급하기로 결정]
1930	7	2	일본	
1930	7	17	일본	
1930	7	31	일본	
1930	8	29	일본	
1930	10	1	조선	간이국세조사 시행
1930	10	27	타이완	
1930	11	14	일본	
1930	12	1	조선	조선총독부, 지방제도 개혁[도제·부제·읍면제 개정 공포]
1931	1	10	일본	
1931	1	20	조선	한일은행, 호서은행과 합병해 동일은행으로 개칭
1931	2	25	조선	부·읍·도회의원과 면협의회원의 선거에 관한 규정 공포

일본(만주국, 남사할린, 타이완, 중국 관내 포함)	유럽. 국지전, 세계대전, 아태전쟁
	미·영·일, 런던해군군축조약 조인[4.25.정우회가 런던조약 조인이 통수권 간섭이라는 문제 제기. 10.2.하마구치 오사치濱口雄幸내각이 조약 비준. 11.14.도쿄역에서 우익 청년 애국사 사원 사고야 도메오佐鄕屋留雄가 하마구치총리를 저격해 중상을 입힘. 1936.1.15.일본정부, 런던해군군축회의 탈퇴]
각의, 총동원기본계획요강 결정[자원국 작성. 총동원 정책 중에 방공防空 포함]	
간도 5.30사건 발발[동만주 일대 조선인·중국인 공산주의자 등 500여명이 항일 무장 봉기를 일으켜 60명이 피살]	
전국대중당 결성[일본대중당, 전국민중당·무산정당 통일전국협의회 합동]	
내무성 경보국장, 각 청 부현 행정책임자 앞으로통첩(내지재류 조선인의 일시귀선증명서에 관한 건) 송달[1929.8.3자 통첩의 개정안. 일시귀선증명서 대상을 공장과 광산 이외 작업장 고용인까지 확대]	
도쿄시, 도쿄비상변재요무규약 제정 실시[도쿄시장을 회장으로 하는 방호위원회를 설치하고 방호단을 상설화하는 내용. 1931.6.20.개정. 방호단체에 재향군인회 포함. 1933.1.15.개정. 구성 단체 확대]	
국민방공협회國民防空協會 설립[예비역 육군중장을 회장으로, 방공에 관한 도시 설비 연구와 공습에 의한 비상 재해 관련 지식과 훈련을 국민들에게 보급할 목적으로 설립]	
타이완 무사霧社 항일 사건 발생[능고군能高郡 선주민 무사족의 항일 봉기. 주재소를 습격하고 일본인 136명 살해. 12.26.일본 군경, 군대를 투입해 50여일간 토벌해 진압. 토벌 과정에서 선주민 644명 사망]	
세계공황의 파급으로 인한 쇼와昭和공황 발생	
문부성, 중학교령 시행규칙 개정[법제·경제를 공민과로 개편하고 유도·검도를 필수로 하는 내용]	

연	월	일	지역	조선[조선인 관련 포함]
1931	3	30	조선	미곡법 개정[7.1.시행]
1931	4	1	일본	
1931	5	20	조선	조선취인소령朝鮮取引所令 공포
1931	6	17	조선	제6대 조선총독에 우가키 가즈시게宇垣−成育군대장 임명
1931	7	1	일본	
1931	7	2	만주	
1931	7	16	일본	
1931	7	18	조선	조선농업창고령 시행규칙 제정 공포[조선총독부령 제96호]
1931	9	11	조선	정미正米시장규칙 공포[1932.1.1.시행]
1931	9	18	만주	

일본(만주국, 남사할린, 타이완, 중국 관내 포함)	유럽. 국지전, 세계대전, 아태전쟁
중요산업통제법 제정 공포[중요산업부문에 대한 강제 카르텔 입법. 8.11.시행. 1937.조선에 시행. 1937.3.2.중요산업의 통제에 관한 법률 공포]. 노동자재해부조법 공포[법률 제54호. 1932.1.1.시행. 토목건축·화물운반·토사채취노동자 대상 부조제도. 1935.3.개정을 통해 재해관계 3개 법안 통일]. 노동자재해부조책임보험법 공포[법률 제55호]	
문부성, 학생사상문제조사위원회 설치	
만보산 사건 발발[중국 동북지방 지린성吉林省 만보산萬寶山에서 수로공사 문제로 재만조선농민과 중국농민간 충돌사건 발생. 당국이 제공한 조작기사로 조선 각지의 중국인에 대한 보복과 폭동이 5일까지 계속됨]	
제12사단 주최로 18일까지 3일간 기타큐슈北九州 방공 연습 실시	
	일본, 만주사변 발발[아시아태평양전쟁 개시. 이시하라 간지石原莞爾 등 관동군 참모들이 중국 펑톈奉天 교외에 있는 류타오후柳條湖 부근의 만철노선을 폭파하고 이를 구실로 총공격 개시. 9.21.관동군 지린吉林에 출동, 조선군사령관이 단독으로 만주로 월경 출동 개시. 와카쓰키若槻札次郎 총리, 내각회의 개최하고 '사변'으로 간주해 선전포고를 피하기로 결정. 9.22.히로히토천황, 나라奈郎武次시종무관장에게 "이번에는 어쩔 수 없으나 앞으로 주의하라"고 분부. 관동군, '만몽문제해결책안'을 결정하고 청나라 선통제였던 푸이溥儀를 내세운 신정부수립 방침을 추진하기로 결정. 9.24.일본정부, 만주사변 불확대 방침을 내용으로 하는 제1차 성명서 발표. 10.2.관동군, 만몽문제결안(만주에 독립국을 건설하고 일본군이 실권을 차지하는 방침) 결정. 10.8.관동군, 진저우錦州 폭격. 10.24.국제연맹 이사회, 일본에 대해 기한부(11.16일까지) 만주철병권고안 체결. 11.1.일본 외상, 만주독립국건설에 강력 반대하고 톈진天津 총영사 등에게 공작 실행 저지를 지시. 11.16.각의, 관동군에 치치하르 철수를 명령. 11.18.각의, 만주에 군대 증파를 결정하고 불확대방침을 포기. 11.19.관동군, 치치하르 점령. 1932.2.29.국제연맹, 립튼 조사단 방일. 3.24.중일 정전회의 개시. 10.1.립튼조사단, 일본정부에 보고서 통달. 11.21.일본정부, 립튼조사서 반박. 1932.3.1.만주국 괴뢰정부 건국 선언. 3.9.푸이, 만주국 집정에 취임. 9.15.일본정부, 일만의정서를 조인해 만주국 승인. 1933.2.14.국제연맹, 일본군의 만주철퇴권고안 채택. 2.27.일본정부, 국제연맹 탈퇴 통고. 1934.3.1.만주국, 제정帝政 실시]

연	월	일	지역	조선[조선인 관련 포함]
1931	10	5	조선	미곡법 시행규칙 공포[미곡의 수입 및 수출 제한에 관한 내용]
1931	10	8	중국	
1931	10	17	일본	
1931	11	10	중국	
1931	11	11	조선	평양고보생, 경찰의 학원 간섭에 반발해 동맹휴학
1931	12	13	일본	
1931	12	29	조선	군수구호법 시행세칙 개정[조선총독부령 제154호]
1932	1	1	조선	조선상공회의소 설립허가. 조선취인소령 시행[부산·대구·군산·목포·진남포에 취인소 설치와 경성·인천 취인소 합병을 인가]
1932	1	8	일본	
1932	1	28	중국	
1932	2	5	중국	
1932	2	9	일본	
1932	3	1	중국	
1932	3	10	조선	경성연합청년단, 육군기념일을 방공데이로 지정하고 행사 개최
1932	3	12	일본	

일본(만주국, 남사할린, 타이완, 중국 관내 포함)	유럽. 국지전, 세계대전, 아태전쟁
	일본 관동군, 진저우 공습[제1차 세계대전 종결 후 처음 실시된 도시 폭격. 히로히토천황, "당시 정황상 당연한 일"이라 발언. 1932.1.3.진저우 점령]
10월 사건 발발[군 비밀결사인 사쿠라櫻회 소속 하시모토 긴고로橋本欣五郞 중좌 등의 군부내각을 수립하려는 쿠데타 시도 발각. 3월에도 군부 쿠데타 계획이 미수에 그쳤음]	
한국독립당, 각 군구에 총동원령 발포하고 소집·징모 실행[일본의 만주 침략과 관련]	
내각, 금수출 재금지 결정[금본위제 정지하고 관리통화제로 이행]	
이봉창李奉昌 의거[한인애국단원 이봉창, 도쿄 사쿠라문 밖에서 히로히토천황 수레에 폭탄 투척했으나 실패. 10.10.도쿄 이치가야市谷형무소에서 사형 집행]	
	상하이 사변[1.18.일본 일련종 승려 5명이 일본특무기관에게 교사받은 중국인의 습격을 받고 1명 사망하자 1.28.일본 해군육전대가 상하이에서 중국 제19로군과 교전을 개시해 중일 양군의 무력충돌로 발전. 2.16.국제연맹이사회, 일본에 상하이 전투행위 중지를 경고. 2.20.상하이 파견 일본 육군, 상하이에서 총공격 개시. 3.3.시라가와白川義則 상하이파견군사령관, 전투 중지 성명. 3.24.중일 정전회의 개시. 5.5.상하이 정전협정 조인]
	일본 관동군, 하얼빈 점령
혈맹단 사건 발발[혈맹단원이 유력 총리후보인 이노우에 쥰노스케井上準之助 전 대장대신 암살. 3.5.단 다쿠마團琢磨 미쓰이합명 이사장 암살. 3.11.혈맹단 맹주 자수]	
만주국 괴뢰정부 건국 선언[4.26.미쓰비시三菱와 미쓰이三井 재벌이 타이완주국 2천만엔 융자계약 조인. 7.25.만주국협화회 결성. 9.15.일본정부, 만주국 승인. 9.16.반만항일게릴라, 푸순撫順탄광을 습격해 관동군 수비대를 공격하고 주민 살해. 1933.3.1.만주국, 경제건설요강 발표. 1934.3.1.만주국, 푸이가 황제가 되어 제정帝政 실시]	
각의, 만몽처리방침요강 결정[만몽독립정권의 유도 방침]	

연	월	일	지역	조선[조선인 관련 포함]
1932	3	23	조선	재만조선인대책 5개 근본 방침 결정
1932	3		중국	
1932	4	15	조선	북조선개척사업계획 완성
1932	4	29	중국	
1932	5	4	일본	
1932	5	15	일본	
1932	6	29	일본	
1932	7	29	일본	
1932	8	23	일본	
1932	9	1	일본	
1932	9	5	일본	
1932	9	9	조선	정무총감, 각도에 통첩(청년의 교화지도에 관한 건) 하달[관통첩 제34호. 청년단체에 대한 적극화 방침]
1932	9	30	조선	조선총독부농촌진흥위원회규정 공포[농촌진흥운동 실시]
1932	10	24	일본	
1932	11	20	조선	통영운하 및 해저도로 준공
1932	12	10	조선	조선소작조정령 공포[제령 제5호. 1933.2.시행. 지주들의 조직적인 반대운동으로 1934년 조선농지령 제정]
1933	1	1	중국	

일본(만주국, 남사할린, 타이완, 중국 관내 포함)	유럽. 국지전, 세계대전, 아태전쟁
	일본군, 상하이파견군에 군위안소 개설[상해총영사관, 12월 현재 상해에 17개 해군위안소가 운영 중이라 보고]
윤봉길尹奉吉 의거[상하이 훙커우虹口공원에서 열린 천장절 축하연회장에 폭탄 투척, 시라카와白川 상하이파견군사령관 등 10여명을 사상케 하고 피검. 4.30. 일본영사관 경찰, 상하이에 거주하던 안창호를 관련 혐의로 검거. 12.19.윤봉길, 일본 가나자와金澤육군형무소에서 사형 집행]	
이와테岩手현 오후나토大船渡선 철도공사장에서 노동자 파업 중, 100여명의 일본청부회사 폭력단이 조선인 노동자 숙소를 습격해 폭력과 강간을 자행하고 파업을 지도하던 일본노동조합 전국협의회 소속 구순암具順岩 등 3명 살해·30여명에게 중상을 입힘	
5.15.사건 발발[해군장교 등 9명이 총리관저와 경시청 등을 급습해 이누가이 쓰요시犬養毅총리를 사살. 5.16. 이누가이내각 총사직함으로써 일본 패전 이전 시기 정당내각이 막을 내림. 5.26.사이토 마코토 내각 성립]	
경시청, 특별고등경찰부 설치 공포	
상이군인특별부조령 공포[칙령 제209호. 7.30.시행규칙 공포(육군성·해군성령 제1호)]	
문부성, 국민정신문화연구소 설치	
도쿄시연합방호단 발족[일본 최초의 국민방공 단체. 지진기념일을 맞아 요요기代代木 연병장에서 발회식 거행. 연합방호단 아래에 구방호단-방호분단-각 반 형태로 조직 정비]. 요코하마가와사키橫濱川崎 연합방호단 발회식	
내무성, 국민자력갱정國民自力更正운동 개시[10월부터 조선에서도 전국 단위로 자력갱생운동 전개]	
대일본국방부인회 창립	
	산하이관山海關 사건[일본군이 중국군과 허베이성河北省 북동쪽 산하이관에서 충돌. 1.2.관동군 출동. 1.3.관동군, 산하이관 점령]

연	월	일	지역	조선[조선인 관련 포함]
1933	2	17	중국	
1933	2	20	조선	면화증산계획 발표
1933	2	23	중국	
1933	3	8	조선	조선교육령 개정[사범학교 수업연한 1년 연장. 4.1.시행]
1933	3	23	조선	신의주비행장 설치
1933	3	27	일본	
1933	3	29	일본	
1933	4	5	일본	
1933	4	10	영국/중국	
1933	4		만주	
1933	5	10	조선	각도, 도제 실시 이후 최초의 의회의원 총선거 실시
1933	6	7	일본	
1933	6	14	조선	조선군사령부, 방공연습통감부를 설치[16일까지 3일간 경성과 인천을 중심으로 경기·황해·충청남북도 등 인근 지역에서 등화관제 등 대대적인 방공연습 실시]
1933	7	1	조선	경성-도쿄간 전화 개통
1933	8	9	일본	
1933	9	9	조선	만주침략 이후 최초의 조선총독부 알선 만주이민단이 경성역 출발
1933	9	27	일본	
1934	3	12	일본	
1934	3	17	일본	
1934	3	30	일본	
1934	4	11	조선	조선농지령 공포[제령 제5호. 소작계약 법정 기한 3년, 소작지임차권 상속 인정. 9.20.시행]

일본(만주국, 남사할린, 타이완, 중국 관내 포함)	유럽. 국지전, 세계대전, 아태전쟁
각의, 르어허熱河 진공 결정	
	관동군·만주국군, 르어허작전 개시[17일자 일본 각의 결정에 따라]
국제연맹탈퇴 조서 발표	
미곡통제법 공포[1920년대말부터 시작된 농업공황으로 쌀값 폭락사태가 발생하자 과잉대책을 위해 제정. 미곡의 수량과 시가조절 및 통제를 위한 미곡의 매입과 매도를 허용하고 미곡의 최고최저가격 공정公定. 11.1.시행]	
극우단체 황도회皇道會 결성[1942.5.16.해산]	
	일본 관동군, 장성을 넘어 중국 화북침입 개시[4.23. 철수. 5.7.관동군, 2차 화북침입을 통해 관내작전 개시. 5.31.관동군, 중국군과 탕구塘沽정전협정 체결. 만주사변 종결]. 영국, 인도일본통상조약 폐기 통고
	일본군, 만주에 군위안소 개설[혼성제14여단사령부, 군위안부에게 건강진단 실시 보고]
일본공산당 간부 사노 마나부佐野學·나베야마 사다치카鍋山貞親, 코민테른 지도를 비판하고 옥중에서 전향 선언	
해군성·육군성 주최로 간토關東 방공연습 실시[11일까지 3일간. 도쿄부·가나가와현·지바千葉현·사이타마埼玉현·이바라키滋城 현 등 1부 4현에서 실시. 처음으로 방호단을 본격 동원]	
군령부령 공시[해군군령부를 군령부로 개칭하고 군령부장을 군령부총장으로 개칭]	
해군수뢰정 연습훈련 중 전복 사고 발생[과도하게 병장기를 적재해 발생한 전복사고. 100명 사망]	
병역법 개정 공포[법률 제4호]	
각의결정[일만日滿경제통제방책요강]	

연	월	일	지역	조선[조선인 관련 포함]
1934	4	18	일본	
1934	5	2	일본	
1934	6	1	일본/조선	
1934	7	26	일본	
1934	8	6	일본	
1934	9	1	일본	
1934	9	2	일본	
1934	9	30	일본	
1934	10	1	일본	
1934	10	30	일본	
1934	10		조선	조선군 주최 조선총동원계획설정 사무타합회 개최[-1935.7. 총 9회]
1934	11	1	중국	
1934	11	5	조선	제3차 만주 이민단(뺄ㅁ행) 출발
1934	12	5	일본	
1934	12	26	일본	
1934	12	29	일본	
1935	1	10	유럽	
1935	1	25	만주	

일본(만주국, 남사할린, 타이완, 중국 관내 포함)	유럽. 국지전, 세계대전, 아태전쟁
데이진帝人사건[제국인견회사 주식매수를 둘러싸고 사장 등이 체포된 사건. 7.3.이 사건으로 사이토내각 총사직. 7.8.오카다 게이스케岡田啓介 내각 성립]	
출판법 개정 공포[황실의 존엄모독과 안녕질서를 방해하는 등에 대한 단속 강화. 8.1.시행]	
문부성, 학생부를 확충해 사상국을 설치[1936.1.25. 조선총독부, 교육자들의 사상단속을 목적으로 학무국내에 사상계 설치]	
긴키近畿 방공연습[28일 까지 3일간 실시. 과정에서 경찰과 방호단간 충돌 발생]	
육군성, 재만기관개조원안 발표[관동군에 의한 타이완정책 일원화 목적. 8.20.척무성 발표]	
2일까지 이틀간 1934년도 도쿄·요코하마橫濱·가와사키川崎 3도시 연합방공연습 실시[소이탄 대처법 등 훈련]	
도쿄 시전市電, 1만명 해고와 임금 4할 감액 등 방안 발표[9.5.노동조합, 총파업에 돌입. 당국은 청년단·방호단·재향군인회 등 동원해 탄압. 10.13.2할 감액으로 타결]	
각의, 내지에서 조선인 지도향상 및 내지융화를 도모하는 건 결정[조선인 단속 내용]	
육군성, 육군팜플렛(국방의 본의와 강화 제창)을 반포하고 광의국방을 제창	
각의, 조선인이주대책의 건 결정[조선인의 일본 도항을 저지하고 조선남부지방의 농민을 대상으로 조선총독부의 통제 아래 조선북부와 만주로 대량 이민 실시 결정. 만주척식㈜과 만선척식㈜ 설립의 배경]. 각의, 조선인이주대책요목 의결[일본정부 차원에서 최초로 수립한 조선인 도일·일본거주 조선인에 대한 방책]	
만주특급아시아호, 다렌大連-신징新京간 운수	
혈맹단의 사이온지西園寺公望 암살계획 미수	
타이완對滿 사무국 관제 공포[사무국 설치 내용. 이를 통해 관동군 주도의 타이완경영기관 성립과 재만기관개혁문제 종결]	
워싱톤 해군군축조약 폐기를 미국에 통고	
국제연맹, 일본의 남양위임통치 계속 승인	
북만철도양도에 관한 만주-소련간 협정 성립[3.23.일본을 추가해 3개국이 조인. 3.25.공포]	

연	월	일	지역	조선[조선인 관련 포함]
1935	3	23	일본/조선	평북경찰부, 외사계 설치[외사경찰부서 설치의 효시. 소련 국경에서 치안·첩보 활동을 위해 설치. 1936년부터 조선총독부 경무국에 인원을 확충해 외사경찰사무를 확대]
1935	3	30	일본	
1935	4	6	조선	조선총독부·일본 척무성, 80만 조선농민의 만주 이민 원안 결정
1935	5	1	일본	
1935	5	7	조선	초등교육 강화를 위해 초등교육조사위원회 설치
1935	5	11	일본	
1935	5	22	조선	북선 개척지역에 남선 이재민 4천명 이주
1935	5		일본	
1935	6	10	중국	
1935	6	15	일본	
1935	7	6	일본	
1935	10	1	일본/조선	조선시정25주년 기념식 거행. 간이국세조사 실시
1935	10	3	조선	조선징발사무 세칙 공포[조선총독부훈령 제46호]
1935	12	31	일본	
1936	1	13	일본	
1936	1	15	일본	
1936	2	26	일본	
1936	4	3	조선	남만주 이민단 700명 출발[송정역·함평역]

일본(만주국, 남사할린, 타이완, 중국 관내 포함)	유럽. 국지전, 세계대전, 아태전쟁
중추원, 국체명징 결의[4.10.문부성, 국체명징 훈령 하달. 8.3.정부, 국체명징 성명]	
병역법 개정 공포[법률 제22호]	
일본 제국주의 시기 마지막 메이데이 행사 개최 [1936.3.24.내무성, 전국 도도부현에 메이데이 금지를 통고]	
내각 소속으로 내각심의회 및 내각조사국 설치, 국가 총동원준비를 위한 사전 준비[1937.5.14.내각조사국을 기획청으로 재편. 10.25.기획청을 기획원으로 재편]	
방위사령부령 공포	
중국 국민정부, 국민당 기관과 시설 철수 등 허베이 河北성에 대한 일본군의 요구를 승인[중국북부에서 일본 지배 강화]	
김문준金文準이 오사카에서 한글 신문(민중시보) 창간[1936.3.1.1차 발매금지 처분. 6.8.2차 발매금지 처분. 8.1.3차 발매금지 처분]	
7일까지 이틀간 1935년도 도쿄·요코하마·가와사키川崎 연합방공연습 실시	
국세조사 실시	
김천해 등이 도쿄에서 한글 신문(조선신문) 창간 [1936.7.31. 김천해 등 관계자 13명이 치안유지법 위반 혐의로 피검]	
정부, 북지北支처리요강(제1차) 결정[중국 화북 5개성의 자치화 방안]	
런던군축회의 탈퇴[1.16.공표. 12.31.워싱턴군축조약 효력 상실]	
2.26사건 발생[황도파 청년장교들이 1400여명의 병사를 이끌고 쿠데타를 일으켜 사이토 마코토齋藤實 대내신과 다카하시 고레키요高橋是清 대장성 대신 등 살해. 2.27.도쿄시에 계엄령 포고. 시민 피난과정에 방호단을 투입. 2.29.계엄부대 토벌행동 개시. 반란군 원대 복귀. 오카다岡田 내각 총사직. 3.9.히로타廣田弘毅 내각 성립. 3.10.계엄사령부, 사건 관계자 1500여명 검거. 7.5.육군군법회의에서 2.26사건 군관계자 판결]	

연	월	일	지역	조선[조선인 관련 포함]
1936	5	4	조선	학무·내무·농림·경무국장, 각도에 통첩(청년단 보급 및 지도에 관한 건) 공포 [청년단 지도요항 등 포함, 청년단 조직 강화 지침]
1936	5	18	일본	
1936	5	27	일본	
1936	5	28	일본	
1936	5	29	일본	
1936	6	3	일본/조선	음력 폐지하고 양력 '신민력新民曆' 발행 결정
1936	6	4	조선	선만척식주식회사령 공포[제령 제7호. 9.9.일본 법인으로 경성에 선만척식㈜ 설립. 만주 조선인 척식사업운영 전담 회사. 1941.12.20.선만척식주식회사령 폐지 (제령 33호)]
1936	6	8	일본	
1936	6	26	만주	
1936	6		일본	
1936	7	9	조선	경성, 시장 통제 실시
1936	7	13	조선	각도에 외사과外事課 신설·외사경찰제 실시 결정[7.31.시행]
1936	7	20	일본	
1936	7	27	일본	
1936	8	1	조선	경성신사·부산신사의 격을 국폐소사國幣小社로 승격[조선총독부 고시 제434호]
1936	8	5	조선	미나미 지로南次郎총독 부임
1936	8	7	일본	

일본(만주국, 남사할린, 타이완, 중국 관내 포함)	유럽. 국지전, 세계대전, 아태전쟁
육해군성 관제 개정 공포[군부대신의 현역무관제 부활]	
미곡자치관리법 공포[1920년대말부터 시작된 농업공황으로 쌀값 폭락사태가 발생하자 과잉대책을 위해 제정. 일본산과 식민지산 쌀에 대한 식량관리 강화]	
중요수출품 취체법 공포[10.15.시행], 중요산업통제법 개정 공포[시행기간을 5개년 연장하고 통제를 강화하는 내용. 7.5.시행]	
사상범보호관찰법 공포[법률 제29호. 11.20.시행. 12.12.조선에서 조선사상범보호관찰령 공포]	
타이완척식㈜법 공포	
제국국방방침, 제국국방에 요하는 병력 및 제국군용병강령 제3차 개정 재가	
선만척식분빈紛份유한공사법 공포[만주국 칙령 제97호. 9.14.만주 신징新京(창춘長春)에 만주법인으로 만선척식㈜ 설립. 동아권업회사 매수·재만기주조선농민 통제. 조선총독부는 강원도 평강군 세포리와 만주에 훈련소를 설치해 운영]	
제2차 잠정총동원기간 계획 설정	
동부방위사령관 지도로 24일까지 5일간 1936년도 도쿄·요코하마·가와사키 연합방공연습 실시	
남양척식㈜령 공포[칙령 제228호. 척무성 대신을 최고 책임자로 설립한 국영기업. 남양청 후원 아래 미쓰이三井물산·미쓰비시三菱상사·동양척식㈜·남양흥발㈜ 자본으로 설립]	
총리·외무·육해군·재무장관이 모인 5상회의에서 국책國策 기준 결정[중국 대륙에서 발판 확보·남방진출·군비 충실·전력 통제 강화·산업 진흥 등]	

연	월	일	지역	조선[조선인 관련 포함]
1936	8	11	일본/조선	사원규칙 제정[조선총독부령 제80호. 사원 창립을 조선 총독이 허가하도록 규정]
1936	8	28	일본	
1936	9	10	일본	
1936	9	25	일본	
1936	11	25	일본	
1936	12	2	일본	
1936	12	12	조선	조선사상범보호관찰령 공포[제령 제16조. 12.21.시행. 1937.12.18.시행규칙 제정 공포(조선총독부령 제128호)]
1937	1	12	조선	조선총독부, 만주국과 조-만간 기술위원회 설치 조인[만주국과 산업·교통·군사상 지위향상을 목적으로]
1937	1	23	일본	
1937	1	31	조선	대구비행장 개장
1937	3	2	일본/조선	중요산업의 통제에 관한 법률 공포[조선총독부령 제12호]
1937	3	6	조선	조선중요비료업통제령 공포[제령 제1호. 유산암모니아·석회질소·과인산석회의 수출입 허가를 규정. 3.10.시행]
1937	3	9	조선	경성-중국 평톈간 직통전화 개통
1937	3	10	조선	조선총독부가 주관하는 제1차 간도이민 11,900명 출발
1937	4	2	일본	

일본(만주국, 남사할린, 타이완, 중국 관내 포함)	유럽. 국지전, 세계대전, 아태전쟁
각의결정[국책의 기준]. 정부, 북지처리요강(제2차) 결정[중국 화북 5개성에 방공친일만防共親日滿 지대 건설 방안]	
각의결정[제2차총동원기간계획강령설정의 건]	
육군성, 육군공창陸軍工廠 소속 노동자의 조합 가입과 단체활동 금지	
제국재향군인회령 공포[군의 공적 기관이 되는 근거]	
	독·일, 방공防共협정 조인[일명 공산인터내셔널에 대한 협정. 코민테른의 공산주의적 파괴 공작에 대한 정보를 통보하고 협의 협력한다는 내용. 1937.11.6.이탈리아를 포함한 3국협정으로 발전. 1940.9.3국간 동맹조약 체결]
대일본상이군인회 결성	
군부와 정당의 충돌로 히로나카 내각 총사직[2.2.하야시 센주로林銑十郎 내각 성립. 6.4.제1차 고노에 후미마로近衛文麿 내각 성립]	
중요산업의 통제에 관한 법률[칙령 제25호]	
방공법防空法 공포[1년 후인 1938년 4월부터 시행을 예정하고 실시 기일은 추후 칙령으로 결정하기로 함. 9.29.방공법 시행령 공포. 10.1.방공법 시행령과 방공법시행기일의 건, 관청방공령 시행. 중일전쟁 발발하자 기존 계획보다 6개월 앞당겨 시행하게 됨. 내무성 관제 개정에 따라 내무대신 관장 아래 방공과 도시계획에 관한 사항을 담당할 계획국을 신설해 국민방공 업무를 관장. 11.4.타이완과 가라후토 시행. 11.18.조선 시행. 12.24.관동주 시행. *원래 1934년 1월에 육군성 군무국 방비과에서 방공법 초안을 마련해 제국의회에 제출하려 했으나 내무성의 저항으로 보류, 1936년 7월에 육군성 군무국장이 내무성지방국장과 경보국장과 같이 협의를 거쳐, 1937년 3월에 내무성·육군성·해군성이 제70회 제국의회에 법안을 공동 제출]	

연	월	일	지역	조선[조선인 관련 포함]
1937	5	6	일본	
1937	5	12	조선	폭리를 목적으로 하는 매매의 취체에 관한 건 시행[조선총독부령 제60호. 철 종류의 폭리를 목적으로 한 매점매석 단속. 8.3.개정. 철 외 26개 종류의 물품으로 확대. 1938.7.21.개정. 29개 품목에 대한 매점매석 금지하고 중앙물가위원회와 경제경찰제 실시]
1937	5	13	조선	3남지방 노동자 7천명을 서북지방으로 이송 개시
1937	5	14	일본	
1937	5	15	조선	대구신사·평양신사의 격을 국폐소사國幣小社로 승격[조선총독부 고시 제316호]
1937	5	29	일본	
1937	5	31	일본	
1937	6	5	조선	청진방송국 개국[6.7.러시아어 방송 실시]
1937	6	22	일본	
1937	7	2	조선	조선군사령부, 6월에 일본 육군성이 요청한 조선인지원병제도에 관한 의견 제출[조선민족의 사상변천 개요·일소 개전에 대한 조선의 관찰·조선인 경제상태 개관·조선 아동 취학상황 등 4개 항목. 8.4.제71회 제국의회에서 박춘금朴春琴이 '조선인에 대한 병역의무 부여'를 청원했으나 일본정부위원이 시기상조라는 이유로 반대. 9.4.일본 육군차관, 조선군 참모장에게 조선인 지원병 문제에 관한 의견 조회 요청. 11.14.조선군 참모장, 육군차관에게 '조선인 지원병 문제에 관한 건 회답' 보고. 지원병훈련소와 초등교육 강화 등 조선인에 대한 교육제도와 시설을 마련해 지원병을 채용하고 당분간 조선 내 부대에 배치하는 것이 바람직하다는 내용. 1938.1.15.미나미총독, 히로히토천황에게 조선의 지원병제도 실시를 상주. 2.1.육군대신, 칙령안 '육군특별지원령령안에 관한 건'을 내각총리대신에게 제출해 각의 결정을 청원. 2.22.육군대신이 청원한 칙령안을 육군특별지원병령으로 제정]
1937	7	7	중국	
1937	7	11	일본/조선	조선총독부, 극비리에 국장 긴급회의 개최[중일전쟁에 따른 인적·물적 자원 징발 문제 토의]

일본(만주국, 남사할린, 타이완, 중국 관내 포함)	유럽. 국지전, 세계대전, 아태전쟁
도쿄시 경시청 소방부, 가정방화군家庭防火群 조직요강 확정[최초의 가정방공조직. 각 가정이 소이탄에 의해 발생할 수 있는 동시다발적 화재에 대응하도록 하기 위한 시민조직 설립 목적. 정町 단위로 가정방화단을 조직하고, 방호분단防護分團이 가정방화단을 통제하도록 하는 내용]	
내각조사국을 기획청으로 재편[10.25.기획원으로 재편]	
육군성, 중요산업 5개년계획 요강 결정	
문부성, 국민정신을 진흥시키기 위한 '국체의 본의'를 편찬해 전국에 배포	
군사구호법 시행령을 군사구조법 시행령으로 개정 [칙령 제276호. 12.24.개정]	
	중국 루거우차오蘆溝橋에서 중일 양군 충돌[중일전쟁. 7.11.현지 정전협정 조인. 7.20.고이소 구니아키小磯國昭 조선군사령관, 조선 주둔 제20사단에 응급동원령 하달. 7.28.일본군, 화북에서 총공격 개시. 8.13. 각의, 육군의 상하이 파견 결정, 해군육전대와 중국군과 교전 개시(제2차 상하이 사변). 8.14.중국군 비행기, 상하이 일본 군함 폭격. 8.15.일본정부, 긴급 각의를 열어 전면 전쟁 개시. 해군항공대가 난징·난창南昌 공습]
각의결정[노부교사건처리에 관한 건]	

연	월	일	지역	조선[조선인 관련 포함]
1937	7	12	조선	조선중앙방공위원회 설치[방공법을 조선에 적용 실시하기 위한 법률적 준비. 위원장 정무총감. 조선총독부 총독관방 문서과에 방공계 신설하고 각지에 방호단 등 하부조직 결성]
1937	7	15	일본	
1937	7	21	일본	
1937	7	22	조선	조선총독부, 산하에 조선중앙정보위원회 설치 결정[전쟁 발발에 따라 조선인의 사상통제와 전쟁협력을 유도하기 위해 설치. 1920.11.조선총독부가 조선의 치안유지와 정치적 홍보 선전 강화를 목적으로 결성한 정보위원회의 재설립. 7.24.각도에 도정보위원회 조직하도록 통첩. 7.26.24개 관계 단체를 모아 조선군사후원연맹 결성]
1937	7	27	조선/중국	중일전쟁 발발로 각도에 전시체제령 통첩
1937	7	28	일본	
1937	8	1	중국	
1937	8	2	조선	조선총독부, 일본긴급각의결정에 따라 조선재정을 전시체제로 급히 전환
1937	8	6	조선	학무국, 국민교육에 대한 방책 수립[보통학교와 청년훈련소 증설을 통해 징병적령자 수준 향상·각도에 사범학교 1개교씩 설치하기로 결정]
1937	8	7	조선	후방 안전을 위해 조선에 육군형법을 실시키로 결정
1937	8	12	조선	조선북지北支사건특별세령[제령 제14호]
1937	8	14	일본	
1937	8	22	조선	경성 전역에 등화관제 실시
1937	8	24	일본/조선	일본 척무차관 통첩에 따라 국민정신총동원운동 개시
1937	8	29	조선	경기도 일원에 방공연습 실시[등화관제·음향관제 실시. 9월에는 경기·강원·황해·충청남북도 5도를 포괄하는 중선中鮮방공대연습 실시]
1937	8	30	조선	고등보통학교 학과목에서 한문 폐지 결정[9.27.고등보통학교에서 조선어 및 한문과목 폐지]
1937	9	2	일본	
1937	9	7	조선	조선산금령 및 시행규칙 공포[산금5개년계획 수립에 따른 조치. 9.8.시행]

일본(만주국, 남사할린, 타이완, 중국 관내 포함)	유럽. 국지전, 세계대전, 아태전쟁
만주개척청년의용대 운영을 위한 청년훈련소안·청년농민훈련소창설요강안 확정[일반 개척단을 보완하는 존재로 준전투요원이자 둔전병 역할 담당. 일본인 대상. 8.2.만주개척공사가 설립되어 운영을 담당. 11.30.각의, 척무성이 제출한 만주에 대한 청년이민송출에 관한 건 승인. 개척청년의용대 제도 실현. 1939.12.22.각의결정(만주개척정책기본요강)에 의해 1940년부터 심상소학교 과정을 종료한 16-19세 조선인도 대상]	
문부성, 사상국을 확충한 교학국을 설치	
대한민국임시정부, 국무회의 개최해 군무부에 군사위원회 설치 결정[중국 전장鎭江]	
각의결정[총동원계획의 일부 실시]	
한국광복운동단체연합회 결성[중일전쟁 발발을 계기로 한국국민당·한국독립당·조선혁명당·한인애국당·미주 5개 단체 연합]	
병역법 개정 공포[법률 제70호]	
각의, 국민정신총동원실시요강 결정[구성원의 정신동원 목적]. 일본 척무차관, 조선총독부 정무총감 앞으로 통첩(국민정신총동원 실시에 관한 건) 송달	
각의결정[지나사변에 적용해야 할 국가총동원계획요강]	

연	월	일	지역	조선[조선인 관련 포함]
1937	9	10	일본/조선	관제개정을 통해 자원과 설치[서무계·자원조사계·자원기획계·자원기술계로 구성. 1940년에는 서무·총무·철강·금속·기계·공업·축산·수입계 등 8계로 확장]
1937	9	12	조선	국민정신총동원 실시 요강 발표
1937	9	14	조선	군수동원법 실시 결정[9.17.군수공업동원법 적용에 관한 법률 공포(법률 제88호). 칙령 제505호로 제정된 일본의 군수공업동원을 조선에 적용 시행]
1937	9	20	조선	제철사업법 공포[법률 제68호]
1937	9	21	일본	
1937	9	23	조선	전선全鮮농산어촌진흥관계관회동 개최[개최일을 농산어민보국일로 정하고, 중일전쟁 후 증산과 동원체제 운영 방침 제시]
1937	9	25	조선	공장사업관리령 공포 시행
1937	9	28	조선	임시선박관리법 공포[법률 제93호]
1937	9	29	일본	
1937	10	1	조선	조선총독부, 황국신민의 서사 배포[10.8.황국신민체조 제정]. 압록강 수풍발전소 착공
1937	10	5	조선	군사비 충당을 위해 자본조정법 공포. 경기도 전역에 방공훈련 실시
1937	10	11	일본	
1937	10	12	일본	
1937	10	14	조선	임시자금조정법 공포[법률 제86호]
1937	10	25	일본	
1937	11	5	중국	
1937	11	6	유럽	
1937	11	7	조선	국민정신작흥주간 실시[11.10.국민정신작흥운동 개시]
1937	11	10	일본	
1937	11	13	조선	국방부인회 경성본부 결성식 거행
1937	11	18	일본/조선	방공법 조선시행령·방공법 시행규칙 공포 시행[10.23.방공위원회령을 공포해 방공위원회 설치. 11.17.조선방공위원회령 공포 실시. 11.22.조선중앙방공위원회규정폐지 공포. 이에 따라 조선중앙방공위원회는 조선방공위원회로 개편. 1941.12.17.조선방공위원회 폐지]

일본(만주국, 남사할린, 타이완, 중국 관내 포함)	유럽. 국지전, 세계대전, 아태전쟁
임시자금조정법 공포[전시금융통제기본법. 9.27.시행. 10.14.조선 적용]. 임시군사비특별회계예산 공포[1946년 2월까지 전시경제체제 편성]	
수출입품등에 관한 임시조치에 관한 법률 공포[법률 제92호. 9.22.조선에 시행. 물품 가격 통제의 법적 근거]	
육군성, 야전주보규정 개정[육달陸達 제48호. 군대내 매점인 주보酒保가 위안시설을 운영할 수 있도록 규정 마련]. 일본 석탄광업연합회, 상공대신에게 '탄광노동자 보충증원에 관한 진정서' 제출[심각한 노동력 부족 현상을 개선하기 위해 조선인 노동력 이입을 요망]	
군기보호법 개정 공포 시행[법률 제72호. 군기보호법(법률 제104호. 1899년 제정)·군기보호법을 조선에 시행하는 건(칙령 제283호. 1913년 제정) 전면 개정]	
국민정신총동원 중앙연맹 결성[회장에 해군대장 임명]	
기획원 관제 공포[기획청·자원국을 통합해 기획원 설치]	
	일본 제10군, 항저우杭州만 북안에 상륙해 상하이 전선의 배후를 형성. 트라우트만 중국 주재 독일대사, 일본의 화평조건을 중국에 통고[화평공작 개시]
	일·독·이, 3국방공협정 조인
기획원, 국가총동원법안준비위원회 설치[국가총동원계획을 실시하기 위한 법제 정비에 착수. 1938.2.19.각의, 국가총동원법 제정 결의. 2.24.제국의회에 상정]	
대본영령 공시[전쟁이 아닌 사변시에도 설치 가능하게 규정]	

연	월	일	지역	조선[조선인 관련 포함]
1937	11	30	일본	
1937	12	10	조선	조선임시비료배급통제령 공포[제령 제18호. 1938.1.15.시행. 비료의 수급과 가격 등 통제]
1937	12	13	중국	
1937	12	21	조선/중국	무역 및 관계산업의 조정에 관한 법률 공포[법률 제73호]. 경기도, 민간철공업자를 통합해 군수공업으로 전향시키기 위한 군수품 재청부 상담회 개최
1937	12	23	조선	조선총독부 학무국, 조선에서 교육에 대한 방책 수립[천황 사진을 각급학교에 배부하고 경배케 하는 등 황민화 교육 강화·조선인 교원 재교육]
1937	12	24	일본	
1938	1	4	조선	조선광업경찰규칙 공포[9.1.시행]. 금사용절감령·백금제한령 공포[금제품 제조 규제를 명시]
1938	1	11	일본	
1938	1	12	조선	철·금·석탄·전력·기타 등 4개년 생산확충계획안 결정
1938	1	16	일본	
1938	1	18	일본	
1938	1	19	일본	
1938	1	21	조선	강원도 평강군 고삽면 세포리에 만주개척 중견인물 양성을 위한 세포洗浦이민 훈련소 개소[청장년 105명 수용]
1938	1	22	조선	조선총독부, 각도에 일본어강습소 1천여개소를 설치해 전국민에게 일어를 강습토록 지시
1938	1	25	일본/조선	인조석유제조사업법 공포[법률 제52호. 인조석유제조 장려를 위한 근거]

일본(만주국, 남사할린, 타이완, 중국 관내 포함)	유럽, 국지전, 세계대전, 아태전쟁
각의, 만주에 대한 청년이민송출에 관한 건 승인[척무성 제출. 만주개척청년의용대 제도 실현. 1940년부터 심상소학교 과정을 종료한 16-19세 조선인도 대상에 포함. 강원도 소재 세포훈련소(1개월)-일본 시즈오카현 소재 우치하라內原훈련소(2개월)-만주 대훈련소(1년)-만주 소훈련소(2년) 등 3년 3개월의 훈련을 거쳐 개척단으로 배치하는 계획]	
	일본군, 난징 점령[점령과정에서 중국 인민군과 부녀자를 폭행 학살. 난징대학살사건]
상하이일본총영사관 경찰서장, 나가사키長崎 수상水上경찰서장에게 공문 발송[황군장병 위안부녀 도래에 대해 편의 제공 방법 의뢰의 건]	
각의결정[조선통치에 관한 방침: 지원병제도를 실시하려는 미나미 조선총독의 제안을 수용한 결정. 조선에서 지원병 제도를 실시하고, 이를 위해 학교 교육을 쇄신해 황국신민의식을 함양한다는 내용]·[지나사변대책요강]	
후생성 관제·육군군수감독관령 공포. 어전회의, 만주사변처리근본방침 결정[중국 국민정부가 화평을 요구하지 않는 경우, 신정권 성립을 조장한다는 등 내용]	
각의결정[1938년도 물자동원계획 결정]. 정부, 중국 국민정부에 화평교섭 중단을 통고하고 이후 국민정부를 상대하지 않는다는 내용의 성명 발표	
각의, 1938년 중요물자공급확보에 관한 건 결정[최초의 물자동원계획. 결정 이후 대폭적으로 수정]	
군마群馬현 지사, 내무대신·육군대신에게 공문 발송['상하이上海 파견군 내 육군위안소의 작부'로 명기]	
야마가타山形현 지사, 내무대신·육군대신에게 공문 발송[북지파견군 위안 작부 모집에 관한 건]	

연	월	일	지역	조선[조선인 관련 포함]
1938	2	1	일본	
1938	2	7	일본	
1938	2	9	조선	조선총독부, 시국대책준비위원회 구성
1938	2	14	일본	
1938	2	15	일본	
1938	2	22	일본/조선	조선인육군특별지원병령 공포[칙령 제95호. '호적법의 적용을 받지 않는 연령인 17세 이상의 제국신민 남자로서 육군의 병역에 복무하기를 지원하는 자는 육군대신이 정한 장소에서 전형한 후에 현역 혹은 제1보충병역에 편성할 수 있다'(제1조). 4.2.조선총독부육군특별지원자훈련소 규정 공포(조선총독부령 제70호)·조선총독부육군병지원자훈련소생도채용규칙 공포(조선총독부령 제71호)·조선총독부육군병지원자훈련소생도채용수속 공포(조선총독부 훈령 제18호). 4.4.'1938년 3월 30일 육군성령 제11호 육군특별지원병령 시행규칙' 공포. 1940.7.3.육군특별지원병 훈련소 규정과 채용 규정 개정·훈련기간을 단축·인원 5배 증원]
1938	2	23	일본	
1938	2	25	일본	
1938	2		만주	
1938	3	3	조선	조선교육령 개정[일명 제3차 교육령. 칙령 제103호. 조선인육군특별지원병령을 실시하기 위한 조치. 학제를 일본과 통일해 소학교·중학교·고등여학교로 하며 조선어과목 폐지하고 황국신민다운 단련을 강화하는 내용]
1938	3	4	일본	
1938	3	8	조선	경인·수원·개성 등지에서 국민방공훈련 실시
1938	3	16	중국	
1938	3	22	조선	임시군사비 재원 보충을 위한 특별회계에 관한 법률 제정 공포[제23호]
1938	3	23	조선	미나미 조선총독과 경무국장, 척무대신·척무성 조선부장 앞으로 전문電文(조선인의 내지도항 제한에 관한 건) 송달[도일 자유 왕래 방도 강구의 필요성 강조]
1938	3	28	중국	
1938	3	29	일본	

일본(만주국, 남사할린, 타이완, 중국 관내 포함)	유럽, 국지전, 세계대전, 아태전쟁
육군대신, 내각총리대신에게 칙령안 육군특별지원병령안에 관한 건 제출하고 각의 결정을 청원[2.22. 육군대신이 청원한 칙령안을 육군특별지원병령으로 제정해 4월 3일부터 시행하도록 함]	
와카야마和歌山현 지사, 내무성 경보국장에게 관련 공문 발송[시국 이용 부녀 유괴 피의사건에 관한 건]	
이바라키茨城현 지사, 내무대신·육군대신에게 공문 발송[상하이파견군 내 육군위안소의 작부모집에 관한 건]	
미야기宮城현 지사, 내무대신에게 공문 발송[상하이파견군 내 육군위안소의 작부모집에 관한 건]	
조선인육군특별지원병령 공포[칙령 제95호]	
내무성 경보국장, 각 지방장관에게 공문 발송[지나도항부녀의 취급에 관한 건]	
병역법 개정 공포[법률 제1호]	
만주국, 국가총동원법 제정	
육군성 부관, 북지나방면군·중지나파견군 참모장에게 통첩 발송[육지밀 제745호. 군위안소 종업부 등 모집에 관한 건. 병무국 병무과가 입안]	
	일본군 독립공성중포병 제2대대, 위안소 사용규정 작성[일화회관 남쪽 벽안에 위안소 설치. 영업시간은 오전 9시-오후6시]
중화민국 유신정부, 일본군의 지도로 난징에 성립	
조선총독부육군병지원자훈련소관제 제정 공포[칙령 제156호. 3.19일에 척무성이 내각총리대신에게 청원한 조선총독부 육군특별지원병훈련서관제 개정의 건 후속 조치]	

연	월	일	지역	조선[조선인 관련 포함]
1938	3	30	일본	
1938	3	31	조선	청년훈련소 규정 개정[조선총독부령 제54호, 훈련대상자 연령 제한 삭제하고 학력정도에 따라 훈련시간을 차등 적용]
1938	4	1	일본/조선	임시물품조치법 실시[물자조달을 위한 조치. 국내 물품의 외국 수출을 억제하며 소비를 극도로 제한]
1938	4	2	조선	조선총독부육군특별지원자훈련소 규정 공포[조선총독부령 제70호. 4.3.시행. 1944.5.1.육군특별지원병지원자훈련소가 군무예비훈련소로 변경됨에 따라 관련 규정 폐지]
1938	4	4	일본	
1938	4	7	조선	가석방심사규정 발표[조선인 사상범을 가석방한 후 비밀리에 감시하기 위한 조치]
1938	4	16	일본/중국	
1938	4	18	조선	오노大野綠一郎정무총감, 통첩(야스쿠니靖國신사 임시대제 때 전 국민 묵도 및 전몰장병 위령제 집행에 관한 건) 하달[전국적인 신사참배 실시 강요. 1940년 4월부터 기독교계 등 신사참배 거부자 검거에 착수. 9.20.전국 일제 검거 실시]
1938	4	19	일본	
1938	4	25	일본	
1938	5	3	조선	국가총동원법 조선에 공포[5.5시행. 5.10.국가총동원법의 조선 적용 공포]
1938	5	4	일본	
1938	5	19	중국	
1938	5	31	조선	임시통화법 공포
1938	5		일본	
1938	6	7	조선	조선중요광물증산령 시행규칙 공포[6.10.시행]
1938	6	11	조선	오노 정무총감, 통첩(학생생도의 근로봉사 작업 실시에 관한 건) 하달[학도근로보국대 구성 개시. 일본 문부성이 결정한 실천사항을 참고로 조선에 실시. 매년 여름 방학을 이용해 도로공사·사방공사·매립공사·수로공사 등에 동원하도록 함]
1938	6	13	조선	휘발유판매매취체령 공포
1938	6	15	일본/조선	1938년도 전기 육군특별지원병 합격자 202명을 위한 임시 훈련소 마련해 훈련 개시[경성제국대학 강당. 12.7.훈련소 수료. 12.10.입영. 1939.9.경기도 양주군 노해면 공덕리에 정식 훈련소 개설]
1938	6	21	조선	경기도중등학교장 회담, 근로보국대 조직 결의[7.14.경기도, 6천여명 중학생을 대상으로 매일 6시간씩 근로보국대 운영하기로 결정]

일본(만주국, 남사할린, 타이완, 중국 관내 포함)	유럽. 국지전, 세계대전, 아태전쟁
육군특별지원병시행규칙 제정 공포[육군성령 제11호. 4.3.시행]	
국가총동원법 제정[5.5.일본·조선·타이완에 시행. 법률 제55호. 5.3.조선에 공포]	
등화관제규칙 공포[4.10.시행. 방공법에 근거해 전국적으로 등화관제를 실시하도록 함. 1938.12.15.조선에서 조선등화관제규칙 공포]	
상병보호원관제 공포[칙령 제2518호]	일본 난징 병참사령관·영사관 총영사 등, 난징에 군위안소 설치 관련 협의[일반인 대상 위안소는 영사관이 관리 담당하고 군전속 특수위안소는 헌병대가 단속]
각의, 국민저축장려의 건 결정[국민저축운동 전개]	
오이타大分현 지사, 외무성 미국국장에게 공문 발송[중국으로 송출하는 황군위안부 신분증명서 발급 관련]	
공장사업장관리령 공포[최초의 국가총동원법 발동. 5.5.시행]	
	일본군, 쉬저우徐州 점령
제1회 국가총동원회의 개최	
대본영, 어전회의에서 우한武漢·광둥廣東 작전 실시 결정	

연	월	일	지역	조선[조선인 관련 포함]
1938	6	22	조선	경기도 내무부장, 통첩(근로보국단 설치에 관한 건)을 각 지역에 하달
1938	6	23	일본/조선	물자동원계획 발표. 도사무분장규정 개정[제2조 제3호에 국가총동원에 관한 사항 추가]
1938	6	26	조선	오노 정무총감, 각도에 통첩(국민정신총동원 근로보국운동에 관한 통첩) 하달 [만 20-40세 까지 남녀 대상으로 부락 단위로 근로보국대 결성 운영하도록 함]
1938	6	28	일본/조선	근로보국대 실시 요강 발표[근로보국대 결성의 법적 근거. 7.1.내무부장, 국민정신총동원근로보국운동에 관한 건 통첩]
1938	6	29	조선	경기도 지역에 방공훈련 실시[7월 5일까지 7일간 실시. 이 훈련을 위해 처음으로 조선에 가정방공조직인 가정방화조합과 가정방화조합연합회 결성. 1941.4.12.당국의 조치에 따라 경성부 가정방호조합 해소]
1938	7	1	조선	내무부장, 각 부윤과 군수에 통첩(국민정신총동원근로보국운동에 관한 건) 발령. 국민정신총동원 조선연맹 결성 결정[일본 각의 결정(1937.8.24.국민정신총동원실시요강)에 따른 후속 조치. 7.3.각 지방연맹 결성 개시. 7.7.중일전쟁1주년을 기념해 발족. 조선에서 국민정신총동원운동 개시. 7.22.정무총감, 국민정신총동원조선연맹조직대강 통첩하달하고 지부조직 독려. 1939.4.17.조선총독부, 국민정신총동원위원회규정 공포(조선총독부령 제21호). 1939.6.4.기관지로 월간지 '총동원' 창간 배포. 1940.10.16.국민총력연맹 출범에 따라 해소]
1938	7	7	조선	국민정신총동원 조선연맹·경성연맹 합동 발회식 개최[경성운동장]
1938	7	9	일본	판매가격취체규칙 공포 시행
1938	7	11	소련	
1938	7	13	일본	
1938	7	16	조선	근로보국대, 대구 각 중학교에서 결성
1938	7	21	조선	경기도학도근로보국대, 32개교 남녀 공사립 중등학교 4·5학년생이 10일간 근로보국운동 실시
1938	7	24	조선	시국대응전조선사상보국연맹 결성[전향자들의 사상보국단체]
1938	7	29	조선	경제경찰 150명을 부산·평양 등지에 배치[물가등귀와 억제를 위한 조치. 11.9.경제경찰제도 도입. 경제경찰제도를 통해 경찰이 노동문제 전반과 노동행정을 관장하도록 함. 1940.1.1.경기도 외 각도에 경제경찰과 설치]
1938	7	30	일본	
1938	8	0	조선	조선총독부, 임시물자조사과 신설
1938	8	8	조선	조선총독부, 경제보안과 설치
1938	8	12	조선	가솔린절약책으로 경춘철도와 버스 운행 중지
1938	8	15	조선	조선방공협회 설립[총재에 정무총감·회장에 경무국장]

일본(만주국, 남사할린, 타이완, 중국 관내 포함)	유럽. 국지전, 세계대전, 아태전쟁
각의결정[국가총동원상 긴급을 요하는 정책의 철저 강행에 관한 건]·[1938년도 중요물자수급계획개정에 관한 건]	
각의결정[군수품생산상 필요한 노무대책 요강에 관한 건]	
	소련·조선·만주 국경인 장구펑張鼓峰에 소련군이 진출해 국경분쟁 발발[7.29.소일군경 충돌. 8.31.일본군, 장구펑을 점령. 8.6.소련군 반격으로 일본군 사상자 1,440명. 8.10.소일정전협정 성립]
내무성 경보국장, 각 청 부현에 통첩(조선인 노동자 증명에 관한 건) 송달[일시귀선증명서 제도 완화]	
산업보국연맹 결성[산업보국운동의 중앙지도기관]	

연	월	일	지역	조선[조선인 관련 포함]
1938	8	24	일본	
1938	8	27	조선	시국대책조사회 구성[총독의 임시자문기관으로써 총독부내에 설치. 정무총감을 위원장으로 총독부 관계 각국장과 과장·주요 단체 대표·기업사장·지식인 등 102명의 위원으로 구성. 9월부터 조사회 개최]
1938	8	30	조선	항공기제조사업법 시행규칙 공포 시행
1938	9	1	일본/조선	전국에 가솔린 통제 시행
1938	9	8	조선	학교졸업자사용제한령 시행규칙 공포[조선총독부령 제189호]
1938	9	13	일본	
1938	9	14	중국	
1938	9	15	만주	
1938	9	22	일본/조선	국민정신총동원조선연맹, 제1차 관계자회의를 개최하고 연맹의 9대 강령 결정
1938	10	6	일본	
1938	10	11	조선	내무부장, 통첩(근로보국단지도자강습회 개최에 관한 건) 하달[군 및 읍면 직원 대상 강습 실시]
1938	10	12	조선/중국	조선물품판매가격취체규칙 공포 시행[수출입품 등의 임시조치에 관한 법률에 근거. 공정가격제 실시 등 규정. 1941.9.10.가격 등 통제령 개정에 의해 폐지]
1938	10	27	중국	
1938	11	4	조선	고무사용제한령 공포
1938	11	11	조선	국민등록제 실시[국가총동원법 의거]
1938	11	21	일본/조선	8도 방공연습 실시[28일까지 5일간 실시. 가정방공조직을 최초로 동원]
1938	11	30	조선	조선비료규제령 시행규칙 제정
1938	12	15	조선	조선등화관제규칙 공포 시행
1938	12	16	일본	
1938	12	20	중국	

일본(만주국, 남사할린, 타이완, 중국 관내 포함)	유럽. 국지전, 세계대전, 아태전쟁
학교졸업자사용제한령 공포 시행[칙령 제599호. 국가총동원법에 의거해 대학의 이공학부·이공전문학부·공업학교출신자 고용시 후생성(조선은 총독부)의 인가를 요구하는 내용. 1939년 3월 졸업생 부터 적용. 당일 시행]	
농림성, 전국 농가일제조사 실시[최초의 농업통계조사]	
각의결정[1939년도 국가총동원실시계획설정에 관한 건]	
	일본 주 상하이총영사 대리, 한커우漢口 공략 후 일본인 진출에 대한 응급처리요강 작성[군위안소 개설을 위해 진출하는 자에게 우선적으로 거류 인정]
만주국, 치안부 산하 부대인 간도특설대 창설[조선인 중심의 특수부대로써 800~900명 규모의 대대급 부대. 12.14.지원병 1기생 입대식 거행. 1939.3.1.정식 발족]	
상공성에 전업대책부를 설치하는 건을 공포[중소상공업자의 전업 대책]	
홋카이도 홋카이도탄광기선㈜ 유바리夕張광업 덴류天龍 광구 가스폭발사고[사망자182명, 조선인 포함]	
	일본군, 바이아스만 상륙[10.21.관둥 점령]
	일본군, 중국 한커우·우창武昌·칸요漢陽 등 우한武漢 3진 점령[11.3.고노에총리, 동아신질서 건설 구상 발표. 일명 고노에 2차 성명]
상공성, 철골배급통제규칙 공포	
흥아원興亞院 관제 공포[흥아원 설치]	
	중국 국민당 지도자 왕자오밍汪兆銘이 배우자와 함께 중칭重慶을 탈출해 베트남 하노이에 도착[12.30. 대일화평 성명]

연	월	일	지역	조선[조선인 관련 포함]
1939	1	1	조선	물자동원계획 수립[폐품회수운동에서 강제동원으로 전환]
1939	1	6	유럽/일본	
1939	1	14	조선	조선징발사무 세칙 공포[조선총독부훈령 제1호. 인마人馬·물건 징용징발 규정. 조선군사령관과 협의해 마련. 1944.4.8.개정. 1944.10.12.개정]
1939	1	17	일본	
1939	1	24	조선	경남 거창·김천 지역 남양군도 농업노동자 송출자 108명, 팔라우로 출발
1939	1	25	일본	
1939	1	26	조선	경남 거창 지역 남양군도 농업노동자 송출자 100명, 사이판으로 출발
1939	2	2	조선	만주척식, 충남에서 알선 농민 3천명을 만주국으로 수송 개시
1939	2	6	조선	소작통제령 공포[12.18.시행규칙 공포에 의해 시행]
1939	2	7	조선	내무국 사회과, 기무라구미木村組에 공문(남양군도팔라우섬토목공업행노동자인도서) 발송[2.8.경남 남해 지역 남양군도 농업노동자 송출자 50명, 팔라우로 출발]
1939	2	7	조선	내무국 사회과에 노무계 신설[최초의 노무동원 전담 부서. 1939.9.10.직원 14명]
1939	2	9	일본	
1939	2	10	중국	
1939	2	15	조선	조선총독부, 방호과 설치[기존의 방공을 담당했던 자원과 소속 방공계와 경무과 소속 소방급수방계를 합병해 설치한 방호단 통제 기구]
1939	2	20	조선	내무국 사회과, 기무라구미木村組에 공문(전라남도출신남양목촌조행노동자인도서) 발송[당일, 전남북 지역 남양군도 농업노동자 송출자 100명, 팔라우로 출발]
1939	2	22	조선	조선총독부이민위원회규정 공포[조선총독부훈령 제9호. 2.23.조선총독부 이민위원회, 조선총독부 본부에 설치. 8.31.일부 개정]
1939	3	2	조선	경남 합천 출신 847명, 만주 길림성(五家子)로 출발
1939	3	6	조선	경남 합천 300명, 만주 길림성(高台子)로 출발. 조선비료판매가격취체규칙 공포[조선총독부령 제25호]
1939	3	9	일본/조선	쌀(鮮米) 120만석 증산 방침 결정
1939	3	12	조선	충북 청주 지역 남양군도 농업노동자 송출자 20명, 팔라우로 출발
1939	3	13	조선	내무국 사회과, 기무라구미에 공문(남양군도행노동자인도서) 발송[당일 전북 지역 남양군도 농업노동자 송출자 121명, 팔라우로 출발]
1939	3	15	조선	피혁배급통제령 공포
1939	3	17	일본	

일본(만주국, 남사할린, 타이완, 중국 관내 포함)	유럽. 국지전, 세계대전, 아태전쟁
국민직업능력신고령 공포[칙령 제5호. 국가총동원법 제21조 의거. 1.20.시행. 6.1.조선에 시행, 국민직업능력등록제도 실시]	독일, 3국동맹을 정식 제안[1940.9.27.3국동맹 체결(베를린)]
각의결정[생산력확충계획요강]	
경방단령 공포[기존의 경방조와 방호단을 통합해 경찰 관하에 경방단을 신설하고 방공과 소방을 담당하도록 함. 사실상 육군이 지도. 4.1.시행. 전국 소방조원 215만명과 방호단원 400만명을 경방단원 309만명으로 재편]	
각의결정[국민정신총동원강화방책]	
	일본군, 중국 하이난도海南島 상륙
병역법 개정 공포[법률 제1호. 병역기간 연장, 단기현역제 폐지]	
각의결정[1939년도 생산력확충실시계획 방침]	

연	월	일	지역	조선[조선인 관련 포함]
1939	3	20	조선	충남북 지역 남양군도 농업노동자 송출자 50명, 팔라우로 출발
1939	3	25	일본	
1939	3	30	일본	
1939	3	31	일본	
1939	4	1	일본	
1939	4	5	조선	학교기능자양성령 제정
1939	4	6	일본	
1939	4	8	일본	
1939	4	11	일본	
1939	4	12	일본	
1939	4	18	조선	압록강수력전기 수몰지역 농민 22,000명, 만주척식㈜ 이민 제1진으로 출발
1939	4	20	조선	조선총독부, 교학연구소 조직[황국신민사상 주입을 위한 교원강습기관]
1939	4	26	일본	
1939	4	27	일본	
1939	5	5	일본	
1939	5	12	만주/조선	조선광부노무부조규칙 제정[9.1.시행]
1939	5	15	조선	국민직업능력신고령 시행규칙 공포[조선총독부령 제77호. 6.1.시행]
1939	5	26	일본	
1939	5	30	조선	육군특별지원병 후기생 203명 입영
1939	6	7	일본	
1939	6	9	태평양	남양청 내무부장, 조선총독부 내무국장에 공문(노동자모집에 관한 건) 발송[남양군도 인력동원의 근거]

일본(만주국, 남사할린, 타이완, 중국 관내 포함)	유럽. 국지전, 세계대전, 아태전쟁
농림성·상공성, 비료배급통제규칙 공포[배급할당제 실시]. 군용자원비밀보호법 공포[법률 제25호. 국방목적의 달성을 위해 군용에 제공하는 인적물적자원에 관해 정부에 비밀은닉秘匿을 요하는 사항을 규정한 법령. 6.26.시행]	
대학에서 군사교련이 필수과목이 됨[9.1.조선의 사립전문학교 연희전문·보성전문·불교전문 등에서도 실시]	
국경취체법 공포[법률 제52호. 시행일을 칙령으로 정하도록 부칙에 규정. 9.26.국경취체법시행기일(칙령 제669호) 및 시행령(칙령 제670호)에 의해 10.1.시행]	
회사이익배당 및 자금융통령 공포[4.10.시행]	
선원보험법 공포[1940.3.1.시행]	
홋카이도 유바리탄광 낙반사고[사망자 12명, 조선인 포함]	
각의결정[국민정신총동원 신전개의 기본방침]	
미곡배급통제법 공포[미곡상 허가제 등 시장유통기구를 국가가 통제해 가격을 통제하는 법규. 12.27.조선미곡배급조정령 제정]	
문부성, 청년학교를 의무제로 함[만 12세 이상 19세 이하 남성 대상]	
홋카이도 유바리광업 덴류광구 가스폭발사고[사망자 56명, 조선인 포함]	
각의결정[물가통제대강]	
	만주국·몽골인민공화국 국경인 노몬한Nomonhan에서 만주와 외몽골 양국군대 출동[노몬한 사건 발단. 7.1.일본군, 노몬한 공격 개시. 7.3.소련군과 몽골군에 의해 일본군 패퇴. 8.20.노몬한에서 일본군 제23사단 전멸. 9.15.모스크바에서 정전협정 성립]
각의결정[1939년도 물자동원계획강령]	
만몽개척청소년의용군 2,500명의 장행회壯行會 개최	

연	월	일	지역	조선[조선인 관련 포함]
1939	6	10	중국	
1939	6	12	조선	공업사업장기능자양성령 제정[조선의 군수산업 확충에 따른 노동자 수요를 충족시키기 위한 조치]
1939	6	14	중국	
1939	6	21	태평양	남양청 내무부장, 조선총독부 내무국장에 공문(남양행노동자모집알선방법에 관한 건) 발송
1939	6	22	중국	
1939	6	28	조선	군용자원보호법 공포
1939	7	1	조선	조선목탄협회, 업무 개시[수급통제 목적]
1939	7	3	일본/조선	경방단규칙 공포[일본에서 1.25자로 공포된 경방단령 관련. 기존의 방호단과 소방조·수방단水防團을 경방단으로 통합 재조직하는 내용. 조선총독부령 제 104호 공포. 10.1.시행. 시행과 함께 조선방공협회도 출범. 12월까지 전 조선에 경방단 설치하고, 일부 지역은 해당 지역 경찰서 주도 아래 가정방호조합을 경방단 방계조직으로 편입. 1941.4.12.당국의 조치에 따라 경성부 가정방호조합 해소. 이후 전 조선의 가정방공은 애국반이 전담]
1939	7	4	일본	
1939	7	8	일본	
1939	7	15	일본	
1939	7	16	조선	조선총독부, 144명의 흥아근로보국 조선부대 송출[만주에서 필요한 임시노동력 충원을 위해 동원. 1940년 7월(250명)과 1941년 7월(400명)을 만주건설근로봉사대라는 이름으로 만주로 송출. 이후 흥아근로보국대로 명칭. 1940년대에는 만주건설근로봉사대 조선부대로 개칭]
1939	7	17	중국	
1939	7	19	조선	쌀값 억제와 식량공급책 발표
1939	7	28	일본	
1939	7	29	조선	전시하 식량통제책 결정 발표

일본(만주국, 남사할린, 타이완, 중국 관내 포함)	유럽. 국지전, 세계대전, 아태전쟁
	일본군 독립산포병 제3연대본부, 각 대장에게 지시 하달[특수위안소의 숫자를 늘릴 것]
	일본군, 톈진의 영국·프랑스 조계 봉쇄
	조선인 육군특별지원병 이인석李仁錫, 중국 화북지방에서 전사[최초의 조선인특별지원병 전사자]
1939년도 노무동원계획 결정	
각의결정[1939년도 노무동원실시계획강령]·[1939년도 자금통제계획강령]	
국민징용령 공포[칙령 제451호. 대상자는 국가총동원법에 기초해 직업능력을 신고한 자. 7.15.시행. 9.30.조선에 국민징용령 시행규칙 공포. 10.1.조선에 시행]	
군사보호원 관제 공포[1938년 4월에 신설된 상병보호원의 개편]	
전국연합전선협회 창립[김구계 한국광복운동단체연합회와 김원봉계 조선민족전선연맹의 통합체]	
내무성·후생성차관, 정책 통첩(조선인 노무자 내지 이주에 관한 건) 송달[9월부터 일본지역으로 '모집' 방식의 조선인 노동력 동원 개시]. 관동군, 재만조선인지도요강(수정)및 선농鮮農취급요강에 관한 건 발표[조선인 개척민을 만주구성원으로 정착시키고 국방상의 역할을 부여. 조선인 입식지역과 입식 호수의 확대]	

연	월	일	지역	조선[조선인 관련 포함]
1939	7	31	일본/조선	종업자고입제한령 시행규칙 공포[조선총독부령 제116호]. 공장취업시간제한령 시행규칙[조선총독부령 제117호]. 임금통제령 시행규칙 공포[조선총독부령 제118호]
1939	8	3	조선	외사부 척무과 설치[만주와 중국 관내 지역 인력 송출을 관장할 행정기구]
1939	8	9	조선	과린산석회·석회질소·조제가리염 등 비료의 수출허가규칙 공포
1939	8	10	조선	조선총독부물가위원회 규정 공포[조선총독부훈령 제50호. 당일에 정무총감을 회장으로 조선물가위원회 설치]
1939	8	11	조선	매월 1일 흥아봉공일[애국일로 지정]
1939	8	16	일본/조선	방공법에 의한 훈련 실시[공습시 전차와 보행자 대피 훈련 등]
1939	8	21	조선	조선총독부, 각도에 통첩(만주 베이안성北安省 조선농민 이민방침) 하달
1939	8	22	조선	조선총독부 내무국 사회과, 풍남豊南산업㈜에 공문(남양농업이민행노동자인도 풍남산업조) 발송
1939	8	24	일본	
1939	9	1	유럽/일본	
1939	9	4	조선	방공훈련법에 따라 전국적으로 방공훈련 실시
1939	9	15	일본	
1939	9	18	조선	경북도, 남양南洋흥발㈜에 공문(남양행이주인도서) 발송
1939	9	22	조선	조선미곡시장주식회사령 공포[제령 제15호. 1939.4.12.일본에서 공포된 미곡배급통제법을 근간으로 미곡배급기구를 전시체제에 맞게 운용하는 중추 기구. 12.25.창립총회 개최하고 1940년부터 업무 개시]
1939	9	23	일본	
1939	9	28	조선	만포선滿浦線 전 구간 개통
1939	9	30	조선	국민징용령 시행규칙 공포[조선총독부령 제164호. 10.1.시행. 국민징용령의 조선 적용]
1939	10	3	일본	

일본(만주국, 남사할린, 타이완, 중국 관내 포함)	유럽. 국지전, 세계대전, 아태전쟁
종업자고입제한령 공포[칙령 제126호. 8.1.시행]. 공장취업시간제한령 공포[칙령 제127호]. 임금통제령 공포[칙령 제128호. 공장·광산의 미숙련노동자 초임을 통제해 노동이동을 제한하는 법규. 1940.10.19.개정]	
상공성, 석탄판매규칙 공포	
내무성, 계획국장·경보국장 명의로 각 지방국장에 가정방공 도나리구미隣保組 조직요강 하달[내무성발획劃 제108호 가정방공 인보조직에 관한 건에 의거한 조치. 방침·임무·조직·편성·육성·지도·경비 등 상세한 내용. 일정한 기준에 근거해 전국적으로 국민방공의 최말단 조직을 정비하고자 한 조치. 이 요강에 의해 도쿄시에서는 10월부터 가정방화군家庭防火群을 가정방공군防空群으로 변경하는 등 주민조직을 정비해 나감. 이 조치에 따라 1940년 5월부터 조선에서도 가정방공조직을 애국반으로 통합, 1941.4.12.경성부 가정방호조합 해소식 거행]	
최초의 흥아봉공일[매월 1일 실시]	독일, 폴란드 침공[유럽 제2차 세계대전 발발]
유럽전쟁 불참전 성명 발표	영·불, 대독선전 포고
각의결정[시국하 제국경제방책대강]	
상공성, 석유배급통제규칙 공포. 대본영, 중국파견군 총사령부 설치[10.1.지휘 발동]	
탄광노동자 충당을 목적으로 조선인 노무자 이입 허가조치에 따라 홋카이도탄광기선㈜에 제1회 조선인 이입노무자 398명 배치	

연	월	일	지역	조선[조선인 관련 포함]
1939	10	4	조선	조선백미취체규칙 공포[조선총독부령 제175호. 7분도 이상·혼사미混沙米 판매 금지. 11.1.시행]
1939	10	10	조선	내무국 사회과, 풍남豊南산업㈜에 공문(남양행농업이민인도서(풍남산업)) 발송
1939	10	12	조선	스미토모住友광업㈜ 고노마이鴻之舞광산, 충남도청에 조선인노무자모집허가신청서 제출[1940.10.7.조선인 302명, 처음으로 광산에 도착한 후 1942.9.22까지 총 23차례에 걸쳐 2,563명 동원]
1939	10	14	조선	조선총독부 내무국 사회과, 남양흥발㈜에 공문(남양흥발㈜행농업이민인도서) 발송
1939	10	16	조선	전력조정령 공포. 식량배급계획요강 발표[1939년 대한발 대책]
1939	10	17	조선	내무국 사회과, 남양흥발㈜에 공문(남양흥발㈜행농업이민인도서) 발송
1939	10	18	일본	
1939	10	21	만주	
1939	10	27	조선	가격등통제령 시행[국가총동원법에 의거, 모든 물가와 유통가격을 전시수탈체제로 전환. 1941.9.10.개정]. 임금임시조치령·지대가임통제령 시행
1939	11	1	조선	외국인의 입국체재 및 퇴거령 공포[11.15.시행]
1939	11	6	일본	
1939	11	8	조선	내무국 사회과, 남양흥발㈜에 공문(남양군도남양흥발㈜행농업이민인도서) 발송
1939	11	10	조선	조선민사령 개정 공포[제령 제19호. 조선인 창씨개명을 위해 일본 각의가 내린 결정(11.7)의 후속 조치. 개정 내용은 가家의 칭호로써 씨氏를 붙일 것, 호주는 씨를 설정해 개정 민사령 시행으로부터 6개월 이내에 신고할 것, 씨의 신고가 없을 경우에는 호주의 성을 씨로 간주해 호적관리자가 직권으로 호적에 씨를 기재할 것 등. 12.26.조선총독부, 조선인의 씨명에 대한 건 공포. 1940.2.11.창씨개명 실시]
1939	11	11	일본	
1939	11	16	조선	조선총독부, 기획부 신설[1937년 9월에 신설한 자원과와 1938년 8월에 신설한 임시자원조정과 통합]
1939	11	25	조선	나환자 수용을 위한 소록도갱생원 완공[수용능력 6천명]. 광주비행장 완공
1939	11	28	조선	조선총독부, 기획원 설치[국가총동원체제 수행 기관]. 부산도항보호사무소, 남양흥발㈜에 공문(남양행이민인도서) 발송
1939	12	1	일본/조선	조선석탄배급통제규칙 제정 시행[석탄 임의 판매 금지]. 국민정신총동원조선연맹, 통첩(육군특별병지원자 응모에 관한 건) 발송[각도 연맹 총재에게 지원병 모집 독려 하달]
1939	12	6	일본	
1939	12	11	조선	조선미곡도정제한규칙 공포

일본(만주국, 남사할린, 타이완, 중국 관내 포함)	유럽. 국지전, 세계대전, 아태전쟁
가격등통제령 공포[물가를 9.18.현재 수준으로 동결하는 법령. 10.27.시행. 조선 적용]. 지대가임통제령·임금임시조치령·회사직원급여임시조치령·군수품공장사업장검사령 공포	
만선척식㈜, 지린吉林성 강밀봉江密峰에 조선인 현지훈련소인 농민훈련소 개소	
농림성, 미곡배급통제응급조치령 공포[미곡 강제매상제 실시]	
병역법시행령 개정 공포[제3을종 합격을 설정]	
홋카이도탄광기선㈜, 조선인 노무자 총 2,466명에 대한 제1차 모집 종료	
소작료통제령 공포[12.11.시행]	

연	월	일	지역	조선[조선인 관련 포함]
1939	12	12	조선	부산도항보호사무소, 남양흥발㈜에 공문(남양행노동자이민인도서) 발송
1939	12	15	조선	총동원 물자사용 수용령 공포
1939	12	20	일본	
1939	12	21	일본	
1939	12	22	일본/조선	공장사업장 기능자양성위원회 설치
1939	12	23	일본	
1939	12	26	조선	조선총독부, 조선인의 씨명에 대한 건 공포[제령 제20호. 창씨개명을 명령. 시행기일 1940.2.11]. 조선총독부, 조선인의 씨 설정에 따른 호적사무 취급방법에 관한 건 공포[조선총독부훈령 제77호]
1939	12	27	조선	조선미곡배급조정령 공포 시행[제령 제23호. 쌀의 최고가 결정 등 조선미의 국가관리 체제 규정. 일본에서 공포된 미곡배급통제법에 대응해 제정]. 미곡배급통제에 관한 건 공포[조선총독부령 제226호]
1939	12	28	조선	폭리행위등 취체규칙 공포['폭리를 목적으로 하는 매매의 취체에 관한 건'의 이름 변경. 단속의 범위를 모든 상품으로 확대. 1940.7.20.개정해서 8.5. 시행. 1941.8.2.개정. 매점매석에 대한 단속 범위 확대. 1943.8.7.개정]
1939	12	29	일본	
1940	1	4	조선	조선영화령 공포[영화 검열 및 국민정신 함양 목적으로 제작과 배급 상영 등을 통제하는 법령. 8.1.시행]
1940	1	8	일본	
1940	1	9	조선	노무동원계획 결정. 조선증미계획 실시[농림국장 담화를 통해 6개년 계획 발표]
1940	1	17	조선	남양군도 농업노동자 모집 관련 경북 영일군과 김천군 출신 농민 10호, 부산 출발[행선지 : 포나페]
1940	1	20	조선	조선직업소개령 발표
1940	1	22	조선	조선군 보도부, 군수생산능력 강화를 위해 지방유력자를 포함한 군수동원협의회를 조직하고 군수공장에 군수공장정신지도관 배치
1940	1	24	일본	
1940	1	26	일본	
1940	1	27	조선	경성식량배급조합 창립[5.9.경성지역 쌀배급에 매출표제 실시. 5.3.식량배급 구매장購買帳 제도 실시]

일본(만주국, 남사할린, 타이완, 중국 관내 포함)	유럽. 국지전, 세계대전, 아태전쟁
육군, 군비충실 4개년 계획을 책정해 천황에게 상주 [지상 65개 사단과 항공 160개 중대를 정비하는 내용]	
효고현 미쓰비시광업 이쿠노生野 광산에 제1차로 조선인 노무자 150명 배치	
각의, 만주개척정책기본요강 결정[개간지 매수를 중지하고 미간지 개발을 적극 시행, 만주개척청년의용대에 조선인 포함]	
홋카이도 미쓰이탄광 소속 비바이美唄탄광 낙반사고를 항의하며 조선인 노동자 198명이 파업	
토지경작물관리사용수용령, 공장사업물사용수용령 공포	
홋카이도 홋카이도탄광㈜ 마야치眞谷地탄광 가스폭발사고[사망자 55명, 조선인 포함]	
후쿠시마福島현 이리야마入山탄광에서 조선인 갱부 폭행사망사건이 일어나자 조선인 갱부 430명이 파업에 돌입해 3명이 경찰에 피체	
미일통상조약 효력 상실	

연	월	일	지역	조선[조선인 관련 포함]
1940	2	1	일본	
1940	2	3	조선	조선총독부의 식산국과 각 도청에 물가조절과 설치
1940	2	11	조선	조선인 씨명변경에 관한 건 공포[조선총독부령 제222호. 개명 절차와 씨 설정 신고기간 종료 후 씨의 변경 절차를 명시. 1911년 조선총독부령 조선인의 성명 변경에 관한 건 폐지. 창씨개명 실시]. 경성-인천간 시험등화관제 실시
1940	2	15	일본/조선	조선해운통제령 시행규칙 공포 실시
1940	2	20	조선	총동원물자사용수용령 공포
1940	2	27	조선	조선총독부, 방공훈련계획 발표
1940	2	29	조선	석탄 등 18개 품목을 수출통제품으로 결정
1940	3	1	조선	석유배급통제규칙 공포 시행[석유제품에 대한 통제 강화 목적. 1941.6.27.개정]
1940	3	8	일본	
1940	3	18	일본	
1940	3	22	조선	물자 및 재고조사 실시[생활필수품에 대한 배급제 실시를 위해 전국적으로 경찰 2만명을 동원해 공장 상점의 창고를 수색해 재고량 등 조사. 1941.3.30.전국에서 일제히 시행]
1940	3	25	조선	조선소년원령 및 조선교정원령 시행
1940	3	30	일본	
1940	3	31	조선	조선총독부 각종 세령稅令 개정 공포[4.1.시행, 사변특별세령과 임시증징령 폐지]
1940	3		조선	조선군 참모본부, 자원반 신설
1940	4	1	일본/조선	농업노동자 임금통제 실시
1940	4	2	조선	농촌노동력조정요강 발표
1940	4	8	일본	
1940	4	10	조선	조선총독부만주개척민지원자훈련소규정 공포 시행[조선총독부령 제3964호]
1940	4	16	일본	
1940	4	24	일본	
1940	5	3	만주/조선	경성부, 식량 매출표제賣出票制(일명 티켓제) 실시
1940	5	11	만주	
1940	5	17	조선	저축증가목표액 각도 할당 결정
1940	5	21	조선	물가통제요강 강화 발표

일본(만주국, 남사할린, 타이완, 중국 관내 포함)	유럽. 국지전, 세계대전, 아태전쟁
육군통제령·해군통제령 공포[2.25.시행규칙 공포에 의해 시행. 1941.12.3.육군통제령 시행규칙 개정]	
홋카이도 홋카이도탄광기선㈜ 소라치空知탄광 다쓰타龍田갱 가스폭발사고[사망자 36명, 조선인 포함]	
각의결정[석탄증산긴급대책의 건]	
홋카이도 유베츠雄別탄광회사 유베츠광업소 조선인 노무자 457명이 파업에 돌입	
상공성, 철근수급통제령 공포	
홋카이도 쇼와昭和공업㈜ 신호로나이新幌內광업소 조선인 노무자 328명 파업	
석탄배급통제령 공포. 국민체력법 공포[17-19세 남성의 신체검사 의무화. 9.26.시행]	
각의결정[국민정신총동원기구개조요강]	
육군지원병령 공포	
만주국, 개척단법 공포[만주국 칙령 제107호. 만주국에 거주하는 일본인 개척민을 단원으로 하는 단체 구성 및 운영 규정. 6.20.시행규칙 공포]	
만주국, 만주건설근로봉사대 실천본부 개설[신징新京]	

연	월	일	지역	조선[조선인 관련 포함]
1940	5	24	일본	
1940	5	25	일본	
1940	6		조선	농림국, 조선농업보국청년대내지파견요강 발표
1940	6	4	조선	제1차 조선농업보국청년대 136명을 일본 오이타大分현 등 4개현 농가에 파견 [1939년에 파견대상자를 일본 소재 농민훈련소에 파견해 단기 교육 실시. 1940년 6월부터 1944년 5월까지 총 15회, 24개현에 총 3천여명 파견. 조선농업보국청년대는 조선총독부가 '내선일체'와 '선진영농법 습득을 통한 조선농촌갱생'이라는 명분을 내걸고 실시한 노동력 동원의 일종. 조선흥농청년대와 조선농촌중견청년연성대 등 이름도 사용. 조선총독부 외에 군청·매일신보사·경성일보사·조선흥농회도 주최. 농촌의 남녀청년들을 1-2개월간 일본 전역의 농가에 배치해 농번기에 모내기와 추수작업에 동원]
1940	6	5	일본	
1940	6	11	일본	
1940	6	18	조선	맥류배급통제요강 발표[보리와 쌀보리 등 통제]
1940	6	20	조선	학교졸업자사용제한령 개정
1940	6	29	일본	
1940	7	1	조선	학생의 만주·중국 여행 금지
1940	7	3	조선	육군특별지원병 훈련소 규정과 채용 규정 개정[훈련기간을 단축하고 인원을 5배 증원]
1940	7	15	조선	각 전문학교생 100여명을 만주국건설봉사학생보국대로 파견
1940	7	16	일본	
1940	7	17	조선	국민총력연맹, 자급비료증산운동실시요강 발표
1940	7	18	일본	
1940	7	20	조선	조선잡곡배급통제규칙 발포[조선총독부령 제176호]
1940	7	24	조선	사치품제조판매제한규칙 공포
1940	7	26	일본/조선	조선목탄배급통제규칙 공포
1940	7	27	일본	
1940	8	1	조선	설탕 표배급제 실시
1940	8	16	일본	
1940	8	20	일본	

일본(만주국, 남사할린, 타이완, 중국 관내 포함)	유럽. 국지전, 세계대전, 아태전쟁
1940년 국세조사 시행령 공포[10.1.국세조사 실시]	
후쿠오카현 기타큐슈北九州시 고쿠라小倉탄광에서 발생한 갱내사고로 조선인 노동자 30명 사망	
설탕과 성냥 배급 실시 결정[11.1.상공성, 설탕과 성냥티켓제 전국 실시]	
상공성·농림성, 폭리행위등 취체규칙 개정 공포[가격표시 의무 명확하게 함]	
각의결정[1940년도 물자동원계획에 관한 건]. 아리타有田외상, '국제정세와 제국의 입장'이라는 방송을 통해 최초로 대동아공영권 건설을 선언	
각의결정[1940년도 노무동원실시계획강령에 관한 건]	
각의결정[1940년도 자금통제계획강령에 관한 건]	
각의, 기본국책요강 결정[남진과 대동아 신질서 형성·대독일 제휴 강화·국방국가 건설 방침]	
대본영 정부연락회의, 세계정세 추이에 따른 시국 처리요강 결정[동남아시아에 대한 무력침략과 일·독·이탈리아 3국 동맹 체결을 확정]	
각의결정[총력전연구소설치에 관한 건]·[남방경제시책요강]	
농림성, 임시미곡배급통제규칙 공포[9.10.시행]	

연	월	일	지역	조선[조선인 관련 포함]
1940	8	23	조선	경성에 등화관제 실시
1940	8	31	일본/조선	청소년고입제한령 시행규칙 공포[조선총독부령 제199호. 9.1.시행]
1940	9	22	동남아	
1940	9	27	일본	
1940	10	1	일본/조선	소맥분배급통제요항 실시[밀가루 배급 통제 실시]. 국세조사 실시[지정기능과 병역관계 등 조사항목 추가]
1940	10	3	일본	
1940	10	12	일본	
1940	10	14	조선	조선 국민조직 신체제 요강 발표[국민총력연맹 결성 지침]. 1941미곡년도 식량대책 발표
1940	10	16	일본/조선	국민정신총동원연맹을 국민총력연맹으로 개편[관제 민간운동 기구였던 국민정신총동원운동 기구의 총재를 총독이 맡아 행정조직과 국민운동조직을 일체화. 국민총력운동지도위원회 규정 공포. 1942.11.30.국민총력운동지도위원회규정 개정해 국민총력운동연락위원회로 변경 확충. 1944년에는 각 직종 단위 연맹에 사봉대仕奉隊를 조직해 노동력 착취에 나섬]
1940	10	19	일본/조선	국민징용령 시행규칙 개정[조선총독부령 제219호. 10.20.시행]. 국민직업능력신고령 개정 공포[조선총독부령 제218호]
1940	10	20	중국	
1940	10	21	조선	도사무분장규정 개정[제1조에 국민총력운동에 관한 사항 추가]
1940	10	22	일본	
1940	10	24	일본	
1940	11	1	일본/조선	남성국민복령 공포

일본(만주국, 남사할린, 타이완, 중국 관내 포함)	유럽. 국지전, 세계대전, 아태전쟁
청소년고입제한령 공포[청소년이 불급不急한 일반산업에 고용되는 것을 억제하고 군수관련 산업고용을 유도하기 위한 법. 9.1.시행]	
	일·불령인도차이나, 군사세목협정 성립. 일본군, 북부 불령 인도차이나 진주
각의결정[해운통제국책요강]·[전력국책요강]	
국세조사 실시. 총력전연구소 관제 공포[내각총리대신 직속 기관]	
각의결정[일만지日滿支경제건설요강]	
다이쇼익찬회大正翼贊會 결성['강력한 신정치체제 구축을 위한 초 정당 국민운동'을 내걸고 발족한 관변단체]	
국민징용령 개정[칙령 제674호]. 국민직업능력신고령 개정[칙령 제673호. 10.20.시행. 청년국민등록제 신설]	
선원징용령 공포[칙령 제687호. 국가총동원법 제4조 규정에 근거해 선원직업능력신고령 제2조에 게재된 자를 총동원업무의 선박운항에 종사시키기위해 선원으로 징용하거나 국가총동원법 제6조 규정에 근거해 피징용자의 사용 등 명령을 내리도록 규정(제1조). 10.22.시행. 단 조선과 타이완,화태 및 남양군도는 11.10부터 시행. 1945.1.19.선원동원령 제정 공포로 인해 폐지]. 임금통제령 개정[칙령 제675호. 임금임시조치령(1939.10.18)과 임금통제령(1939.3.31)을 통폐합. 1941년 7월부터 시행. 대상범위를 일용노동자까지 확대]	
	수이양綏陽국경경찰대 한충허寒茐河 대장, 쑤이펀허綏芬河 대장에게 보낸 공문[일군 전용 조선인 요리점 개설에 관한 건. 일본군 대륙파견부대 전용위안부로 조선에서 모집한 조선여성 2천명 중 약 10명이 한충허寒茐河의 남천문南天門에 배치될 것이라는 내용. 12.9.수이양국경경찰대 한충허에 군위안소 개설(조선여성 13명 배치)]
정치단체 모두 해산	
농림성, 미곡관리규칙 공포	
상공성, 설탕과 성냥배급제에 의한 티켓제 전국 실시	

연	월	일	지역	조선[조선인 관련 포함]
1940	11	2	조선	농림국, 목탄총수량급속증산계획 결정
1940	11	5	일본	
1940	11	7	일본	
1940	11	8	일본	
1940	11	10	일본/조선	선원징용령 시행
1940	11	13	만주	
1940	11	15	일본	
1940	11	19	일본	
1940	11	23	일본/조선	항일학생운동인 노다이乃台사건 발발[제2회 경남학도전력국방대회에서 노다이 심판장의 편파 판정에 분노한 동래중학교와 부산제2상업학교 학생들이 노다이집을 습격해 돌 세례를 퍼붓고 부평동과 남포동에서 조선독립만세를 외치는 사건 발생. 부산 헌병이 출동해 학생 200명을 검거. 6명이 8개월 이상 징역형에 처해졌고, 학생 21명의 퇴학 등 중징계 처분 받음. 이후 고문후유증으로 사망자 발생]
1940	11	30	일본	
1940	12	5	일본/조선	종업자이동방지령 시행규칙 공포[조선총독부령 제268호]. 국민총력연맹, 농산촌생산보국지도요강(방침) 발표[정무총감의 담화를 통해 부락생산확충계획 등 발표]
1940	12	6	일본	
1940	12	7	일본	
1940	12	19	조선	정무총감, 시가지계획령을 개정해 보건방공도시완성계획 등 발표
1941	1	10	일본	
1941	1	14	조선	경무국장, 각 경찰서에 통첩(조선인노동자의 내지도항 단속에 관한 건) 통보[조선인들이 조선과 일본의 시국산업방면에 취로할 수 있도록 권장]
1941	1	16	조선	정무총감, 통첩(청년단조직 및 지도에 관한 건) 공포[학교에 재학하지 않는 모든 청소년을 대상으로 한 청년단 조직 및 훈련체계 등 청년단 개조 방침 천명]
1941	1	30	일본	

일본(만주국, 남사할린, 타이완, 중국 관내 포함)	유럽. 국지전, 세계대전, 아태전쟁
각의결정[남방해운대책요강]. 내무성, 계획국장·경보국장·지방국장 명의로 각 지방국장에게 '인보반隣保班과 가정방공 인보隣保조직과 관계에 관한 건'을 하달[가정방공인보조직을 인보반에 통합하도록 함]	
홋카이도 미쓰비시광업㈜ 데이테手稲광산에 동원된 조선인 292명이 폭동을 일으켜 8명이 피체되고 2명이 송환조치	
각의결정[근로신체제확립요강]	
어전회의, 지나사변처리요강 결정	
만주국, 노동자이동방지대책요강 결정	
홋카이도 유바리夕張탄광 조선인 노무자 238명이 회사측의 폭행에 항의하고 입갱 거부. 홋카이도 유베쓰雄別탄광회사 우라호로浦幌탄광 조선인 노동자 130명이 일본인노동자 폭력에 항의하고 입갱 거부	
해군징용공원규칙 제정[국민징용령 근거. 해군작업단 동원의 근거이자 전시체제기 최초의 군무원 동원 근거. 1941.12.8.남방 경영지 기지 설영設營 목적의 파견 결정]	
노동조합을 해산하고 대일본산업보국회를 결성[소위 '근로신체제' 확립]	
일화日華기본조약, 일만화日滿華공동선언 조인	
종업자이동방지령 공포 시행[칙령 제750호. 노동력통제 법령]	
정보국 관제 공포[내각정보부를 폐지하고 내각정보국 설치]	
각의, 경제신체제확립요강 결정 발표[기본국책요령에 근거해 전시경제체제로 전환]	
각의결정[국토방공강화에 관한 건]	
임시농지가격통제령 공포	

연	월	일	지역	조선[조선인 관련 포함]
1941	2	1	만주/일본	
1941	2	12	조선	조선사상범예방구금령 공포[제령 제8호. 치안유지법 개정(3.10)을 통해 예방구금제를 신설한 일본보다 앞서 법령 공포]
1941	2	13	일본	
1941	2	14	조선	임시농지가격통제령 공포
1941	2	15	일본	
1941	2	27	일본	
1941	3	1	일본	
1941	3	3	일본	
1941	3	6	일본/조선	
1941	3	8	조선	농업노무자 임금 전면 통제[4.1.임금 통제 실시]. 제주 제주항 건설공사장 밀차 사고로 사망자 발생
1941	3	10	일본/조선	함북 무산군 무산철산(무산철광개발주식회사 소속) 사고 발생해 사망자 다수 발생
1941	3	11	일본	
1941	3	13	일본/조선	내무국 노무과 설립[사회과 노무계를 승격. '국민징용' 업무 개시. 1941.11.19. 후생국 노무과. 1942.11.1.사정국 노무과. 1943.12.1.광공국 노무과. 1944.10.15. 광공국 근로동원과 등 3개과. 1945.4.17.광공국 동원과·근로부 근로제1과·근로부 근로제2과. 1945.1.27.광공국 근로부 동원과]. 논산수리조합 공사 기공 [1944.8.13.완공. 나카무라구미中村組 공사 담당]. 평북 강계군 독로강 수력발전소 공사장 사고로 사망자 다수 발생
1941	3	17	일본/조선	함북 부령군 부령천 수력발전소 공사장 사고로 사망자 다수 발생

일본(만주국, 남사할린, 타이완, 중국 관내 포함)	유럽. 국지전, 세계대전, 아태전쟁
기획원, 석탄증산을 위한 조선인 노무자 이주에 관한 긴급 조치 하달[조선인 노무자를 석탄광업과 금속광산에 집중]. 만주국, 조선인개척흥농회설립 및 조성에 관한 건 제정[흥농부 훈령 제62호. 3.6.공포하고 조선인 개척단 지역에 개척흥농회를 설립해 조선인 통제 기능 강화]	
홋카이도 우류雨龍탄광 본갱 가스폭발사고[조선인 사망자 27명]	
병역법 개정 공포[법률 제2호]	
내무성 경보국장, 통첩(조선인 노무자 이주 촉진에 관한 긴급조치에 관한 건)을 경시청 특고과장 및 각 부현 경찰부장 앞으로 하달[2.1.기획원 긴급 조치의 후속 조치]	
병역법 개정 공포[법률 제12호. 국민학교령 공포[4월 1일부터 소학교를 국민학교로 개칭·교과 통합. 3.31.조선총독부, 국민학교규정을 공포하고 조선어 학습 폐지]	
국가총동원법 개정 공포[정부 권한 대폭 확장. 3.20. 시행]	
국방보안법 공포[법률 제49호. 국가기밀 보호 목적. 5.6.시행령 공포. 5.10.조선에서도 동시에 실시]	
치안유지법 개정 공포[법률 제54호. 예방구금령 폐지, 예방구금제 신설해 사상범보호교도소 설치. 5.15. 시행. 조선에도 적용]	
노동자연금보험법 제정 공포[보험사고에 노령·폐질·사망·탈퇴만을 인정하고 여성은 제외. 12.29.시행령 제정. 1942.1.1.시행. 1944.2.15.후생연금보험법으로 개편]	
국민저축조합법 공포[10.30.조선국민저축조합령 공포]	
선박보호법 공포[해군에 의한 선박운항 보호 등]	

연	월	일	지역	조선[조선인 관련 포함]
1941	3	18	일본/조선	경북 영일군 오천비행장공사장 사고로 사망자 다수 발생
1941	3	31	조선	국민학교규정 공포[3월 1일자 일본의 국민학교령 공포에 따른 조치. 조선어학습 폐지]
1941	4	1	일본/조선	생활필수물자통제령 공포 시행[생활필수물자에 대한 배급통제 규정]. 평양-원산간 평원선 개통. 함북 경원 고건원탄광 사고 발생해 다수 사망
1941	4	2	조선	농촌노동력조정요강 발표. 황해 해주, 징용거부자 해주형무소 집단 구타[다수 사망. 사망자 2명 확인]
1941	4	6	일본/조선	함남 장진군 장진강수력발전소 사고로 사망자 다수 발생
1941	4	14	조선	각도에 1941년도 춘계농촌노무조정방침 통첩[농번기에 농촌노동력을 증산에 강제동원]
1941	4	15	일본	경북 경산군 보국코발트광산 TNT 폭발사고로 사망자 다수 발생
1941	4	16	일본	
1941	4	19	조선	조선광부노무부조규칙 제9조 특례에 관한 건 공포[16세 이상 여성의 갱내 작업 가능 규정]. 함북 경흥군 조선인조㈜ 아오지탄광 사고 발생해 사망자 다수 발생
1941	4	22	유럽	
1941	4	26	일본	
1941	4	29	조선	경남 진해만 해상에서 동원과정 중 연합군 공습으로 다수 사망
1941	5	2	조선	함북 경원군 하면탄광 사고 발생해 다수 사망
1941	5	6	일본/조선	부산 전포동 미야케구미三宅組 토취장사고로 다수 사망
1941	5	14	일본/조선	함북 경원군 조선인조㈜ 아오지탄광 사고로 사망자 다수 발생
1941	5	28	조선	조선노동자기술통계조사시행규칙 공포
1941	6	1	조선	경북 문경군 신사공사장 매몰사고로 마성국민학교생 집단 사망
1941	6	6	일본	
1941	6	7	일본	경기 인천 조병창으로 동원 중 선박 전복사고로 집단 사망
1941	6	9	일본/조선	함북 경원군 조선유연탄㈜ 소속 고건원탄광 사고 발생해 다수 사망
1941	6	11	만주	
1941	6	16	조선	조선광업령 개정[7.18.시행규칙 개정]
1941	6	18	만주	

일본(만주국, 남사할린, 타이완, 중국 관내 포함)	유럽. 국지전, 세계대전, 아태전쟁
홋카이도 미쓰비시광업㈜ 비바이美唄탄광 폭발사고 [177명 사상 27명 매몰, 조선인 포함]	
생활필수물자통제령 공포[4.6.일본 6대 도시에서 미곡배급통장제와 외식권제外食券制 실시]	
	소일불가침조약 조인[4.13.소일중립조약 체결. 양국의 평화 우호와 상호 불가침 명시. 1945.8.소련, 얄타 비밀협정에 따라 소일중립조약을 파기하고 대일선전포고]
홋카이도 도호東邦탄광 야요이彌生갱 가스폭발사고 [사망자 29명, 조선인 포함]	
	미일교섭 개시[헐 미국무장관·노무라 주미대사, 미일양해안을 기초로 교섭 개시]
	독소전 개시
철강통제회 설립	
국방보안법 시행령 공포 시행[칙령 제542호]	
무역통제령 공포. 광부노역부조규칙 개정[광부취업부조규칙으로 개정]	
대본영, 대남방시책요강 결정	
홋카이도 일본발송전㈜ 에오로시江卸발전소 터널 낙반사고[사망자 5명, 조선인 포함]	
농림성, 맥류배급통제규칙 공포	
관동군사령부, 관동군축성공사취로특수공인처리규정 제정	
만주국 민생부, 노동자모집긴급대책요강 결정	

연	월	일	지역	조선[조선인 관련 포함]
1941	6	25	일본	
1941	6	27	조선	석유배급통제규칙 개정
1941	6	28	조선	조선노무협회 창립[조선인노동력동원을 위해 조선총독부 노무과내에 설립한 행정보조단체. 정무총감을 회장으로 내무국장과 경무국장이 부회장. 전국 13개 도에 지부를 설치]. 제주-목포간 해상에서 인력동원 중 수송선이 연합군 공습으로 다수 사망. 맥류통제요항 발표[보리·쌀보리·밀을 통제대상으로 설정]
1941	7	1	만주/조선	다대포만 해상에서 동원 과정 중 연합군 공습으로 다수 사망
1941	7	2	일본	
1941	7	9	일본	
1941	7	18	조선	조선광업령 시행규칙, 조선중요광물증산령 시행규칙 개정
1941	7	23	일본	
1941	7	25	미국	
1941	7	30	조선	농림국, 10개년 사업으로 제2차 자작농 10만호 창설 계획
1941	8	5	조선	수풍발전소, 만주에 송전 개시[9.1.한반도에 송전 개시]
1941	8	9	조선	함남 흥남 함흥형무소 제3보국대 사망자 다수 발생
1941	8	19	일본	
1941	8	29	일본/조선	함남 흥남 함흥형무소 제3보국대 사망자 다수 발생
1941	8	30	일본	함남 흥남 함흥형무소 제3보국대 사망자 다수 발생
1941	9	3	조선	조선임전보국단 결성. 함북 무산 소재 무산철광개발㈜ 소속 무산철산 사고 발생해 사망자 다수 발생
1941	9	4	조선	국민총력연맹, 국민개로운동실시요강 결정
1941	9	6	일본/조선	함흥형무소 제3보국대 사고로 사망자 발생
1941	9	10	만주	
1941	9	11	조선	1942년 미곡생산식량 대책 발표. 가덕도 해상에서 인력동원 수송 중 연합군 공습으로 사망자 발생
1941	9	12	일본	

일본(만주국, 남사할린, 타이완, 중국 관내 포함)	유럽. 국지전, 세계대전, 아태전쟁
대본영 정부연락회의, 남방시책촉진에 관한 건 결정	
만주국, 국내노동자긴급모집대책 공포[국무원훈령 제211호·민생부훈령 제132호. 7.7.공포]	
어전회의, 제국국책요강 결정[영국·미국과 전쟁 불사하며, 소련과는 즉시 전쟁을 하지는 않지만 대소전을 준비한다는 내용. 어전회의 결정에 따른 관동군 특종연습 실시를 결정하고, 소련전을 준비하기 위한 70만명의 병력을 만주로 이동]	
각의결정[1941년도 생산확충긴급대책에 관한 건]·[1941년도 물자동원계획책정방침에 관한 건]	
	프랑스·일본, 일불령인도차이나 방위협정 성립[일본군의 남부 불령 인도차이나 주둔 교섭 타결]
	미국, 일본자산 동결[7.26.영국, 일본자산 동결. 7.27.네덜란드, 일본자산 동결. 7.28.일본군, 남부 인도차이나 진주. 8.1.미국, 대일석유수출 전면 금지]
각의결정[전시해운관리요강]	
각의, 노무긴급대책요강 결정[근로보국정신 확립을 명시하고 직접 동원대상을 일반국민으로 확대, 국민등록제도 확충]. 각의, 1941년도 생산확충계획 결정	
중요산업단체령·금속류회수령·주식가격통제령·배전통제령 공포	
어전회의, 제국국책수행요령 결정[10월 하순을 목표로 미·영·네덜란드와 전쟁준비 완성한다는 내용]	
만주국, 노무신체제확립요강 결정[11.1.실시]	
각의결정[1941년도 노무동원실시계획에 관한 건]	

연	월	일	지역	조선[조선인 관련 포함]
1941	9	16	일본/조선	중등이상 남녀학생을 대상으로 학생총력대 결성 지시[11.1.경기도내 남녀중등학교생 대상으로 군수물자생산에 동원하기 위한 학교총력대 조직]
1941	9	26	일본	
1941	9	28	조선	압록강수력발전소㈜ 소속 수력발전소, 관업 송전 개시
1941	9	30	조선	금속회수령시행규칙 공포[10.1.시행]
1941	9		일본	
1941	10	2	미국	
1941	10	7	일본	
1941	10	15	일본	
1941	10	16	일본	
1941	10	18	일본/조선	인천 해상에서 인력동원 수송 중 연합군 공습으로 사망자 발생
1941	10	22	조선	평남 진남포 진남포 비행장 공사장 사고
1941	10	30	조선	조선국민저축조합령 공포. 함남 흥남 함흥형무소 제3보국대 사고로 사망자 발생
1941	11	1	일본	
1941	11	5	일본	
1941	11	10	조선	가덕도 해상, 동원 중 연합군 공습

일본(만주국, 남사할린, 타이완, 중국 관내 포함)	유럽. 국지전, 세계대전, 아태전쟁
각의, 1941년도 자금통제계획강령 책정[자금의 배분을 물자동원·생산확충·노무동원·국제수지 계획에 조응하도록 기본 방침을 확정]	
각의, 긴급식량대책에 관한 건 결정[1941-1942년간 조선에서 맥류의 적극적 증산을 도모해 약 100만석을 증산한다는 계획]	
내무성, 방공국 신설[계획방공국 방호과를 격상]	
	미국, 일본에 4원칙 확인과 불령인도차이나 및 중국에서 철병요구각서 전달[11.5.일본 어전회의, 대미교섭 최종안 결정. 11.26.헐 미국무장관, 일본의 대미교섭안 거부하고 강경안 제의]
야마구치山口현 아사厚狭군 고토가와厚東川댐공사장에서 조선인 노동자 330명이 파업에 돌입했으나 경찰이 개입해 15명 피체	
국민직업능력신고령 개정 공포[칙령 제921호. 8.29자 각의결정(노무긴급대책요강)에 의거. 청년국민등록 신고자 범위 확대]	
병역법 개정 공포[칙령 제923호. 대학·전문학교·실업학교 등 수업연한 단축 조치[1941년도에는 3개월 단축]	
도조 히데키東條英機내각 성립[총리직·육군대신직 겸직. 히로히토 천황, 총리에게 9월 6일자 어전회의 결정 재검토를 요구. 1944.2.21.도조 히데키 총리 겸 육군대신, 참모총장 겸직. 1944.7.18.도조내각 총사직]	
대본영 정부연락회의, 제국국책수행요령 심의했으나 격론을 벌이며 결론을 내리지 못함[11.2.대미교섭을 계속하되, 12월 1일까지 교섭이 이루어지지 않을 경우 12월 초에 무력 발동하기로 결정]	
어전회의, 대미교섭 최종안과 제국국책수행요령 결정. 대본영, 연합함대에 미국·영국·네덜란드를 대상으로 하는 작전준비하령을 명령[11.15.대본영 정부연락회의, 대미영네덜란드전쟁 종말 촉진에 관한 복안 결정. 11.26.헐 미국무장관, 일본의 대미교섭안 거부, 강경안 제의. 11.27.미일교섭 결렬. 12.1.어전회의, 영·미·네덜란드 개전 결정. 12.8.하와이 진주만 기습 공격, 미영에 선전포고]	

연	월	일	지역	조선[조선인 관련 포함]
1941	11	14	조선	함북 경흥 조선인조석유 아오지탄광 사고로 사망자 발생
1941	11	15	일본/ 조선	함남 흥남 함흥형무소 제3보국대 사고로 사망자 발생
1941	11	19	일본/ 조선	조선총독부 기구 개편[조선총독부훈령 제103호. 후생국 신설. 내무국 노무과가 후생국 노무과로 개편. 28명 소속. 1942.11.1.후생국 폐지]. 경남 통영 동원 중 통영군청 집결지에서 미군 기총소사로 사망자 발생
1941	11	20	일본	
1941	11	22	일본	
1941	11	25	일본	
1941	11	28	일본	
1941	12	1	일본/ 조선	국민근로보국협력령 시행규칙 공포 시행[조선총독부령 제313호]
1941	12	2	일본	
1941	12	3	조선	육군통제령 시행규칙 개정[12.5.시행]
1941	12	6	일본/ 조선	노무조정령 시행
1941	12	8	미국/ 일본	
1941	12	9	중국	
1941	12	10	동남아/ 일본/ 조선/ 태평양	기업허가령 공포
1941	12	12	일본	
1941	12	13	만주/ 일본	

일본(만주국, 남사할린, 타이완, 중국 관내 포함)	유럽. 국지전, 세계대전, 아태전쟁
병역법 시행령 개정 공포[병종 합격자 소집]	
해군공원징용규칙 공포	
대본영 정부연락회의, 남방점령지행정실시요령 결정 [인도네시아를 육·해군이 3개 지역으로 나누어 관할]	
국민근로보국협력령 공포[칙령 제995호. 14-40세 남성과 14-25세 미혼여성을 근로봉사를 의무화. 근로보국대원 부조내용 포함. 12.1.시행규칙 공포하고 시행. 조선에 적용]	
방공법 개정[법률 제91호. 방공업무의 범위 확대, 벌칙 조항 신설 등 중앙통제와 국민동원을 강화하는 내용. 12.17.시행령 개정. 12.20.개정 방공법 시행]	
각의결정[전시해운관리요강에 관한 건]	
국민근로보국협력령 시행규칙 공포 시행	
후생성, 노무동원실시계획에 의한 '조선노무자 내지 이입에 관한 건' 발표[1942.4.21.공포]	
노무조정령 공포[칙령 제1063호. 조선과 타이완은 공포일부터 시행. 종업자이동방지령과 청소년고입제한령에 대한 보완 법령. 1942.1.10.시행. 1945.3.5.국민근로동원령 공포로 폐지]	
해군작업애국단의 남방 파견 결정	일본, 대미영선전포고[태평양전쟁 개시. 말레반도와 진주만 공격 개시]
언론출판 등 임시단속령 공포.	대한민국임시정부, 제20차 국무회의에서 대일선전포고 단행을 결정하고 대일선전성명서 발표
대본영 정부연락회의, 전쟁 명칭을 '대동아전쟁'으로 결정. 대일본방공협회, '시국방공필휴' 발간 배포[태평양전쟁 발발 직후, 공습상황에 대비해 전국민이 평소에 준비하고 행동할 절차와 내용 등을 정리한 매뉴얼. 조선에도 배포]	일본군, 괌섬 점령, 필리핀 북부 상륙
국민직업지도소관제 개정[칙령 제1096호. 노무조정령 관련 법령]	일본, 전쟁 명칭을 대동아전쟁으로 결정
각의, 만주개척 제2기5개년계획요강 결정[만주 일본인 척식정책의 부진에 따른 조치. 만주지역 일본인의 분산 배치 방침, 개척민배우자 송출을 위해 일명 하나요메花嫁부대 시행]. 만주국, 노동자모집통제규칙 공포[민생부령 제88호, 치안부령 제48호]	

연	월	일	지역	조선[조선인 관련 포함]
1941	12	15	일본	
1941	12	16	일본	
1941	12	17	조선	방공법 조선시행령과 방공법 시행규칙 개정 공포[조선방공위원회 폐지. 12.20. 실시]
1941	12	19	일본	
1941	12	20	조선	선만척식주식회사령 폐지[제령 33호]
1941	12	21	일본	
1941	12	22	일본/조선	철제품제조제한규칙 공포[조선총독부령 제333호. 12.25.시행]
1941	12	24	조선	신사참배 거부 조선인 기독교도 약 2천명 검거
1941	12	25	중국	
1941	12	26	조선	조선임시보안령 및 시행규칙 제정 공포[1907년 제정 보안법과 1936년 제정 조선불온문서임시취체령을 강화]
1941	12	27	만주/조선	농업생산통제령 공포 시행
1942	1	1	일본	
1942	1	2	동남아	
1942	1	8	일본	
1942	1	9	일본/조선	경무국, 결전시국하 국민오락의 적절지도방침 10개항 발표
1942	1	10	조선	노무조정령 시행규칙 공포[조선총독부령 제3호]
1942	1	14	일본/조선	조선군사령朝鮮軍事令 공포

일본(만주국, 남사할린, 타이완, 중국 관내 포함)	유럽. 국지전, 세계대전, 아태전쟁
의료관계자징용령 공포 시행[칙령 제1131호]. 국민징용령 개정[칙령 제1129호.부조규정 신설]	
물자통제령 공포[공업용 원료 및 생활필수품에 대한 생산·판매·양도·배급·소비사용 등에 대한 지시 가능. 전표제와 통장제 실시 가능. 물자통제령에 의해 생활필수물자통제령 폐지. 조선에 적용]. 각의결정 [남방경제대책요강]	
언론출판집회결사 등 임시 취체법 공포[법률 제97호. 전시하 치안의 완벽을 기하기 위해 제정. 조선에서는 12.26자로 제령 제34호 조선임시보안령을 제정 공포]. 육군성, 포로정보국관제 공포 시행[연합군 포로 관리를 위해 육군대신 아래 포로정보국 설치. 조선인 타이완인 포로감시원 채용 근거. 1941.12.23. 포로수용소령 공포. 조선·타이완·태국·말레이시아·필리핀·자바·보르네오 포로수용소 설치 근거. 1942.3.31.포로취급에 관한 규정에 의해 육군성 군무국에 육군포로관리부 설치]	
일본-타이국간 동맹조약 조인[당일 시행]	
국민징용부조규칙 공포[후생성령 제68호. 국민징용령 개정 규정에 따른 후속조치. 부조 범위는 가족과 별거하거나 피징용상의 업무상 부상·질병·사망에 의해 생활이 곤궁한 경우. 1942.1.1.시행. 1945.4.1.개정]	
	일본군, 홍콩 점령
만주국, 탄광·철광업 등 노동자 모집 지반 설정 요강 결정	
식염 통장베급제 실시	
	일본군, 마닐라 점령
대장성, 대동아전쟁 국고채권 발행. 대조봉대일 실시 [매월 8일 흥아봉공일 폐지]	
학도근로동원 개시	
내각 관방, '조선반도 출신 이른바 종군위안부의 조사결과에 대하여' 작성[남양 방면 점령지의 위안부로서 도항자는 군의 증명서를 받도록 함]	

연	월	일	지역	조선[조선인 관련 포함]
1942	1	15	조선	임시징병검사규칙 및 병사사무특례에 관한 건 공포 시행
1942	1	16	일본/조선	통행세 인상 결정 발표[전쟁에 필요한 자금조달 목적. 2.1.시행]
1942	1	17	동남아	
1942	1	20	일본	
1942	1	21	일본	
1942	1	23	태평양	
1942	1		조선	조선인 해군공원징용 첫 송출
1942	2	1	일본	
1942	2	2	일본	
1942	2	3	일본	
1942	2	9	일본	
1942	2	13	일본	
1942	2	15	동남아	
1942	2	18	일본	
1942	2	19	미국	
1942	2	20	일본	
1942	2	21	일본	
1942	2	23	일본	
1942	2	24	일본	
1942	3	1	동남아/일본	
1942	3	7	조선	조선마적령朝鮮馬籍令 공포[1943.4.1.시행]

일본(만주국, 남사할린, 타이완, 중국 관내 포함)	유럽. 국지전, 세계대전, 아태전쟁
대일본익찬장년단 결성	
	일본군, 버마 진격 개시
각의결정[생산증강근로긴급대책요강]. 상공성, 섬유 제품배급소비통제규칙 공포	
도쿄시총동원부, 육군여자정신대 발족	
	일본군, 비스마르크 제도 라바울 점령
식료관리법 공포[된장과 간장의 통장 배급제, 의료품 배급표 제도 실시, 식량영단 운영]. 일본광산통제회, 조선인노무자 이입을 위해 경성에 조선주재원사무소 개설	
대일본부인회 발회식[애국부인회와 국방부인회를 통합]	
야마구치현 우베宇部시 조세이(長生)탄광 수몰사고 [조선인 135명을 포함해 총 183명 사망]	
만주국, 노동자긴급취로규칙 공포[민생부령 제2호]	
각의, 조선인 노무자 활용에 관한 방책 결정[관알선 제도 개시. 일본 거주 조선인에 대한 징용과 국민근로보국대 동원 규정]. 홋카이도 미쓰이광산㈜ 스나가와砂川탄광 5갱 붕락사고[사망자 42명, 조선인 포함]	
	일본군, 싱가포르 점령[싱가포르 주재 영국군 항복]
병역법 개정 공포[법률 제16호]	
	미 루즈벨트 대통령, 행정명령 9066호 발동[서해안 지역의 일본계 미국인 약 11만명을 8월말까지 강제 이주 수용. 1988.7.10.미연방의회, 수용되었던 일본계 미국인에 대한 사과와 손해배상을 명시한 시민자유법 제정. 1993.10.1.클린턴 대통령 사과문 발표]
남방개발금고법, 전시금융금고법 공포	
식량관리법 공포[7.1.일부 시행. 조선 적용]	
홋카이도 미쓰이광산 스나가와광업소 소속 조선인 노무자 326명이 파업, 15명 피체	
전시형사특별법 공포. 일본은행법 공포[관리통화제도 법적 확립. 3.20.일부 시행]. 전시재해보호법 공포 [법률 제71호. 1942.4.27.시행령 공포(칙령 제455호). 1946.9.폐지]	
홋카이도 에오로시발전소 터널 폭발사고[사망자 4명, 조선인 포함]	일본군, 자바섬 상륙[3.9.점령]

연	월	일	지역	조선[조선인 관련 포함]
1942	3	8	동남아	
1942	3	14	조선	일본애국부인회 조선본부 결성식 개최
1942	3	19	조선	철강통제회 조선지부 조직[군수산업용 철강재 보장을 위해]
1942	3	23	조선	조선소년령·조선사법보호사업령·조선사법위원회령 공포[3.25.시행]
1942	3	24	일본/조선	조선군 경리부, 육군성 지시로 포로수용소 설치 작업 개시. 경성·인천·흥남에 연합군포로수용소 설치
1942	3	25	일본	
1942	3	27	일본	
1942	3	28	일본	
1942	3	31	일본	
1942	4	1	만주	
1942	4	5	조선	각도에 춘계농번기노력조정방침 통첩[농업공동작업 확충]
1942	4	7	조선	육군특별지원병 검사 실시
1942	4	18	일본/조선	저축목표를 9억원으로 결정[전쟁에 필요한 자금조달 목적]
1942	4	27	조선	방공종사자부조규칙 공포
1942	5	1	타이완/동남아/일본	
1942	5	8	일본	
1942	5	11	조선	조선총독부징병제시행준비위원회 규정 공포[조선총독부훈령 제24호. 각의결정(5.8)에 따른 조치. 10.20.조선징병제도 실시요강 결정]
1942	5	13	일본	
1942	5	14	조선	해운통제령 전면 개정
1942	5	20	일본/조선	조선염전매령朝鮮鹽專賣令 공포
1942	5	22	조선	조선총독부 정보과, 조선인청년 수천 명을 미영포로감시요원으로 채용한다고 발표[5.25.경성부, 포로감시원 신청 접수 개시. 6.9.경성부와 경기도 고양·시흥군 일대에서 선발된 포로감시원 장행회 거행. 6.13.조선군, 전국에서 포로감시원 전형을 거친 조선 청년들을 인수. 6.15.포로감시원, 부산 서면 소재 임시군속교육대 입소. 총 3,223명. 8.10.포로감시원, 말레이시아와 자바 포로수용소를 향해 부산 출발. 8.21.태국포로수용소로 출발]

일본(만주국, 남사할린, 타이완, 중국 관내 포함)	유럽. 국지전, 세계대전, 아태전쟁
	일본군, 랑군 점령, 뉴기니아 상륙
육군성, 조선군에 포로수용시설 실시에 관한 건 하달	
전시해운관리령 공포	
선원징용령 개정	
철강통제규칙 공포[4.1.조선에서 공포 시행]. 후쿠오카현 시모야마다下山田탄광 가스폭발사고[조선인 사망자 13명]	
기획원, 내무차관 앞으로 통첩(조선인의 내지도항취급에 관한 건) 송부[밀항 및 부정도항 단속 강화]	
만주국, 중요탄광업·철광업 노동자 모집 지반 설정에 관한 건 발표[주요 석탄철광기업의 노동력 확보 방안]	
미육군, 항공모함에서 발진한 B-25 듀리틀 폭격대가 일본 본토 최초 폭격[도쿄·나고야·고베 등]	
육군대신 도조 히데키 등, 조선의 징병제 시행 준비의 건 요청[5.8.각의, 1944년부터 조선에서 징병제 실시 결정. 5.11.조선총독부징병제시행준비위원회 규정 공포. 10.20.조선징병제도 실시요강 결정]. 타이완 육군특별지원병제 실시	일본군, 버마 만달레 점령[남방 진공 일단락]
각의결정[1942년도 생산확충계획책정에 관한 건]	
기업정비령 공포[전시통제강화를 위해 상공업 정리재편. 5.15.시행]	
수산통제령 공포	

연	월	일	지역	조선[조선인 관련 포함]
1942	5	23	조선	육군현역장교의 배속을 받은 학교의 교련요수요목 제정 공포[조선총독부 훈령 제29호. 1926년에 제정한 교련교수요목 폐지]
1942	5	26	일본	
1942	5	27	만주	
1942	5	29	조선	고이소 구니아키小磯國昭 신임총독 부임
1942	6	1	조선	
1942	6	5	태평양	
1942	6	7	태평양	
1942	6	8	태평양	
1942	6	10	일본	
1942	6	11	일본	
1942	6	15	일본	
1942	6	16	일본	
1942	6	18	조선	조선목재통제령 공포
1942	7	1	조선	식량관리법에 따른 조선시행령 공포 시행. 경성부, 미곡배급통장제도 시행
1942	7	2	만주	
1942	7	13	만주	
1942	7	14	일본	
1942	7	15	조선	조선공업통제회, 일본공업통제회 가입
1942	7	18	조선	조선총독부 정보과, 조선청년을 해군군속으로 채용한다고 발표[남방 파견 해군 설영대]
1942	7	28	일본	
1942	7	30	일본	
1942	8	4	일본	

일본(만주국, 남사할린, 타이완, 중국 관내 포함)	유럽. 국지전, 세계대전, 아태전쟁
각의결정[1942년도 국민동원실시계획책정에 관한 건]	
만주국 국무원회의, 국민근로봉공제창설요강 결정 [7.11.공포]	
	미드웨이 해전[6.7.일본군 패전, 항공모함 4척 손실하고 미드웨이섬 공략에 실패. 7.11.대본영, 미드웨이 패전 결과 남태평양진공작전 중지 결정]
	일본군, 기스카섬 점령
	일본군, 아츠섬 점령
농림성, 농업생산장려규칙 공포	
각의결정[조선식량관리특별회계법안]. 혼슈本州-규슈九州 간 해저 터널 개통	
사가佐賀현 이와야岩屋탄광 가스폭발사고[사망자 15명, 조선인 포함]	
각의결정[1942년도 물자동원계획에 관한 건]	
만주국, 국민근로봉공자선정요강 발표	
만주국, 관동군특수공인처리규정 제정	
나가사키현 사키토崎戸탄광 가스폭발사고[사망자 19명, 조선인 포함]	
해군특별지원병령 공포[8.1.시행]	
홋카이도 홋카이도탄광기선㈜ 헤이와平和영업소에서 발생한 가스폭발사고로 조선인 11명을 포함한 16명 사망	
내각, 중요산업지정규칙 개정 공포	

연	월	일	지역	조선[조선인 관련 포함]
1942	8	5	일본	
1942	8	7	태평양	
1942	8	8	태평양	
1942	8	21	일본	
1942	8	26	태평양	
1942	8		조선	간장·된장 배급제 실시
1942	9	1	일본/조선	공업용 제혁품製革品 배급통제 실시
1942	9	8	조선	금속류특별회수 강제양도 명령 발동
1942	9	16	동남아	
1942	9	26	일본/조선	조선기류령 공포[10.15.시행. 징병적령자의 거주 파악을 위해 90일 이상 거주할 목적으로 본적지 이외에 거주하는 자에 대해 기류계를 제출신고하도록 규정. 이를 위해 1943.3.1.전국 일제 조사 실시]
1942	9	30	조선	만주개척의용대 140명, 만주 영안훈련소로 가기 위해 경성 출발
1942	10	1	조선	조선청년특별연성령 공포[제령 제33호. 17-21세까지 국민학교 초등과를 수료하지 못한 조선 청년 대상 훈련 실시하는 내용. 10.26.시행규칙 공포. 11.3.연성령 및 시행규칙 시행. 12.1.조선청년특별연성소 개설. 1943.8.1.징병제 실시를 위한 조선인청년특별연성 개시]. 조선총독부, 일본 행정간소화 정책에 따라 인원 삭감 및 기구 정비 단행[총동원 업무 담당 부서인 기획부와 후생국을 폐지하고 총무국을 신설해 총동원계획관련 사무를 총괄하게 함]
1942	10	22	일본	
1942	10	26	태평양	
1942	11	1	조선	조선총독부, 후생국 노무과를 사정국 노무과로 개편
1942	11	18	만주	
1942	11	26	일본	

일본(만주국, 남사할린, 타이완, 중국 관내 포함)	유럽. 국지전, 세계대전, 아태전쟁
농림성, 어업생산장려규칙 공포	
	미군, 과달카달 상륙 개시[8.21.일본군 지대, 전멸]
	제1차 솔로몬 해전[과달카달섬 주변 해역에서 전투 개시. 8.24.제2차 솔로몬 해전. 11.14.제3차 솔로몬 해전 발발]
중학·고등전문학교·대학교의 학년 단축 결정	
	일본 해군, 조선인을 해군 시바우라芝浦 보급부 소속 공원工員으로 미크로네시아 중부 코스라에Kosrae섬 배치 시작[11월 26일까지 총 319명 배치]
각의, 대동아성 설치 결정[11.1.대동아성관제 공포, 탁무성을 폐지하고 대동아성 설치]. 중앙식량영단 설립	
	조선인 포로감시원 1,408명, 인도네시아 제16군 소속 포로수용소 배치[일본군 지휘 아래 타이완 포로감시원과 함께 연합군 포로 50,344명 관리]
육군성, 육군방위소집규칙 공포	
각의, 금광업 및 석광업 정비에 관한 건 결정[금광산 정비령의 시초]	
	일본군, 과달카날섬 공방을 둘러싼 남태평양해전에서 총공격 실패[12.31.대본영, 과달카달섬 철퇴 결정. 1943.2.1.과달카날 철수 개시. 2.7.1만 1천여명 철퇴 완료]
만주국, 국민근로봉공법 공포[만주국 칙령 제218호. 1943.3.시행. 20-23세 남자를 징병대상자로 지정하고 근로봉사대에 반드시 참여해 3년 동안 12개월 복무를 의무화. 1945.3.법 개정을 통해 연령을 20-30세로, 복무기간을 12개월을 3년으로 연장]. 만주국, 국민근로봉공대편성령 공포[만주국 칙령 제219호]	
홋카이도 오유바리大夕張탄광 가스폭발사고[사망자 43명, 조선인 포함]	

연	월	일	지역	조선[조선인 관련 포함]
1942	11	27	일본	
1942	11	30	일본	
1942	12	1	조선	조선청년특별연성소 개설[교육받지 못한 모든 징병 대상자 대상]
1942	12	5	일본	
1942	12	8	동남아/만주/조선	조선농지개발영단령 공포[1943.1.14.조선농지개발영단 업무 개시]
1942	12	12	일본	
1942	12	31	일본	
1943	1	2	동남아/일본	
1943	1	6	조선	조선총독부, 농업계획위원회 조직 및 규정 공포[위원장은 정무총감. 농산물 공출과 농촌 청년 동원 목적]
1943	1	9	중국	
1943	1	15	동남아	
1943	1	20	일본/조선	일본적십자사 조선본부, 임시구호간보후 생도 입소식
1943	1	21	일본/조선	
1943	1	22	일본	
1943	2	2	조선	경성부, 징병제 운영에 대비한 호적정비동원령 발포
1943	2	19	일본	
1943	2	24	조선	매주 월요일을 연성일로 제정[군사훈련 강화 목적]

일본(만주국, 남사할린, 타이완, 중국 관내 포함)	유럽. 국지전, 세계대전, 아태전쟁
각의결정[임시생산증강위원회 설치]. 각의, 중국인 노동력 동원 결정[1943.4.시험적으로 중국인 동원. 1944.2.28.각의결정으로 본격 동원]	
상공성, 금광산정비령에 의한 금광산의 보·휴·폐광과 설비 및 노동력 배치전환 등에 관한 내시內示 발표 [당국의 금광업정비방침. 12.26.상공성, 일본 전국 주요 금광산 대표자들에게 보광·휴산·폐광 명령. 홋카이도 지역의 금광산 30개를 휴산과 폐산하고 소속 노동자를 일본 본토 지역으로 전근배치하는 방침. 1943년 1월 각의결정(금광업 정비에 관한 건)과 4월 1일자 금광산정비령 실시에 따라 홋카이도 내 금광산 중 보갱광산 2개소와 기타 2개소를 제외한 전체 금광산에 휴산 조치가 내려지고 30개 금광산이 일제히 폐산식, 조선인 포함]	
각의, 1946년도부터 조선의 의무교육 실시 결정	
만주국 개척총국, 전시긴급실행방책 결정[만주척식사업의 부진으로 중국 전선에 필요한 물자확보가 곤란해지자 생산력 강화와 입식入植확보 방침 천명]	일본군, 뉴기니아 바사부아에서 전멸[사망 800명]
사가현 다쓰가와立川탄광 가스폭발사고[사망자 50명, 조선인 포함]	
각의결정[조선전력국가관리요강]	
후쿠오카현 야마노山野탄광 조선인 노무자 97명이 노무담당자를 습격하고 탈출했으나 82명이 피체	일본군, 뉴기니아 부나에서 전멸[760명 사망]
	중국 왕자오밍汪兆銘정권, 전쟁협력 공동선언·조계환부·치외법권철폐 등에 관한 협정 조인·미영에 선전 포고
	조선인 군속 100여명, 타이에서 버마로 이동 중 연합군 폭격으로 조선인 6명 사망
각의, 생산증강근로긴급대책요강 결정[징용제도 강화·여성노동력 동원 관련 방침 규정]	
중등학교령 개정 공포[중학교·고등여학교의 수업연한을 1년 단축해 4년제로 하고, 대학 예과·고등학교 고등과 수업연한을 2년으로 단축하며 교과서 국정화. 조선에 적용]	
각의, 금광업 정비에 관한 건 결정[금광산정비령의 2차 각의 결정]	
각의결정[1943년도 국가총동원계획 편성에 관한 건]	

연	월	일	지역	조선[조선인 관련 포함]
1943	3	1	동남아/ 일본/ 조선	조선기류령 운용을 위해 조선인 호적 및 기류자 일제 조사 실시[20세 이상 남자 대상, 징병 시행 목적. 조사 결과 징병 예정 적령자 266,643명 중 254,753명 신고]. 경성부, 기존의 양곡배급조합을 해소하고 소매업자 통합
1943	3	4	일본	
1943	3	12	일본	
1943	3	13	조선	전시형사특별법 개정 공포
1943	3	15	일본	
1943	3	18	일본	
1943	3	30	조선	조선전력관리령 공포
1943	4	1	조선	제1회 징병 검사 개시[-8.20. 1944.9.1.현역병 입대 개시]. 경성부, 부영 식료배급소 개점[매출표와 통장으로 혼용하던 식량배급제를 통장제로 통일]
1943	4	9	일본	
1943	4	16	일본	
1943	4	18	태평양	
1943	4	20	조선	식량공출 사전 할당제 발표
1943	4	21	일본	
1943	4	23	조선	조선석유전매령 공포[7.1.시행]
1943	4	26	조선	전시학도체육훈련실시요강 시달[7.22.시행령 발표]
1943	4	27	만주	
1943	5	3	일본	
1943	5	8	조선	경성부, 매달 8일 대조봉대일에 방공특별연성일을 병행 실시하기로 함
1943	5	11	일본	
1943	5	12	태평양	

일본(만주국, 남사할린, 타이완, 중국 관내 포함)	유럽. 국지전, 세계대전, 아태전쟁
병역법 개정 공포[법률 제4호. 조선에 징병제 시행. 8.1.시행]	일본군, 뉴기니아증원을 위한 일본유송선단 8척이 단빌해협에서 전멸[사망 3600명]
전쟁사망상해보험법 공포	
석유전매법 공포	
나가사키현 고야기喬燒탄광 가스폭발사고[사망자 18명]	
전쟁행정특례법 공포[총리대신의 독재권 강화]. 전시행정직권특례 공포[철강·석탄·경금속·선박·항공기 등 5대 중점산업 명시]. 내각 고문 임시설치제·행정사찰규정 공포	
상공성, 금광업 정비에 관한 방침요지 발표[금광산정비령의 제3차 실행단계]	
각의결정[긴급물가대책요강]	
	일본 연합함대사령장관 야마모토山本五十六, 전선시찰 중 솔로몬 상공에서 전사
각의, 여자근로동원촉진 결정[7.30.여자학도동원 결정. 9월.차관회의, 여자근로동원 촉진에 관한 건 결정. 1943.10.20.여자근로정신대 결성. 1944.1.18.각의, 긴급국민근로동원방책요강 결정]	
만주국, 국내 노동자 모집 지반 육성 요령 발표['자유모집'을 '통제모집'으로 '긴급모집'을 '긴급취로'로 변경]	
각의결정[1943년도 국민동원실시계획책정에 관한 건]·[1943년도 생산확충계획책정에 관한 건]	
각의, 조선인 및 타이완 본도인에 해군특별지원병제 신설 준비의 건을 심의하고, 조선과 타이완에 해군특별지원병제 신설 결정. 각의, 1943년도 국가자금계획 결정	
	미군, 아츠섬 상륙[5.29.일본군 수비대 전멸. 전사 2500명]

연	월	일	지역	조선[조선인 관련 포함]
1943	5	22	일본/조선	근로보국대 정비요강 발표
1943	5	27	조선	대일본해양소년단 조선본부 조직
1943	5	28	일본/조선	평북 강계 독로강 수력발전소 공사장 사고로 다수 사망
1943	5	29	조선	사정국장, 각도에 통첩(근로보국대 출동에 관한 건) 하달. 함북 부령 부령천 수력발전소 공사장 사고로 다수 사망
1943	5	31	일본	
1943	6	1	일본	
1943	6	2	일본	
1943	6	3	조선	해군지원병모집요강 발표
1943	6	4	일본	
1943	6	16	일본	
1943	6	18	일본	
1943	6	22	일본	
1943	6	25	일본	
1943	6	29	조선	조선석탄배급통제령 공포
1943	7	1	조선	조선중요광물긴급개발조사단 설치. 술 전매령 실시
1943	7	20	일본	
1943	7	22	조선	사정국 노무과, 학도전시동원체제확립요강 공포[학생근로보국대 관련 법령]
1943	7	27	일본	
1943	7	28	조선	해군특별지원병령 시행규칙 공포

일본(만주국, 남사할린, 타이완, 중국 관내 포함)	유럽. 국지전, 세계대전, 아태전쟁
일본경찰, 후쿠오카현 후루카와古河 광업㈜에 동원된 조선인 노무자의 집단폭동과 관련해 조선인 270명을 전원 검사국에 송치	
대정익찬회 사무총장, 6대 도시 지부장에게 근로보국대 정비에 관한 건 하달[관후寬厚 제137호. 주요 관변 단체와 100명 이상 종업원 사용 회사 등 작업장에서 근로보국대 조직하도록 하는 지침. 5.29.조선에도 전파]	
어전회의, 대동아전략지도요강 확정[말레이와 불령인도네시아를 일본에 편입하고, 버마와 필리핀 독립을 결정]	
각의결정[전력증강기업정비요강]. 각의, 결전태세확립방책에 관해 합의[근로동원 강화 등]	
대일본노무보국회 결성	
각의, 전시의 생활간소화실시요강 결정[기모노 등 비非필수품의 생산과 제작을 금지]. 각의결정[식량증산응급대책요강]	
공업취업시간제한령 폐지[여성과 연소자의 탄광산 갱내 작업을 보장하는 노동시간의 무제한 연장을 내용으로 함]	
노무조정령(칙령 제513호)·임금통제령(칙령 제514호) 개정. 사가현 가라쓰唐津탄광 가스폭발사고[사망자32명, 조선인 포함]	
각의결정[선박운항체제긴급정비요항]	
각의, 학도전시동원체제확립요강 결정[군사훈련과 근로동원을 철저히 한다는 내용. 조선에 적용]	
국민징용령 개정 공포[칙령 제600호. 대상을 12-60세 미만 남성과 12-40세 미만 여성으로 확대·고용주 징용·응징사 채용 규정. 8.1.시행. 단 조선 등은 9.1.시행]	
해군특별지원병령 공포[칙령 제608호. 7.28.시행규칙 공포(해군성령 제30호). 8.1.일본·조선·타이완에 해군지원병제 실시]	

연	월	일	지역	조선[조선인 관련 포함]
1943	7	31	조선	임금통제령 시행규칙 개정 공포[조선총독부령 제227호]. 노무조정령 시행규칙 공포[조선총독부령 제226호]
1943	8	1	동남아/ 조선	조선에 징병제 실시 결정[개정 병역법 시행, 징병제 실시를 위한 조선인청년 특별연성 개시. 10.1.전조선 징병적령자 신고]. 조선총독부해군병지원자훈련 소관제 공포[8.1.시행. 10.1.해군지원병 1기생, 진해 해군지원병훈련소 입소. 1944.3.23.수료. 4.1.해병단 입단. 8.1.지원자훈련소는 해군지원병령 개정(5.9)에 의해 해군병 징모제를 실시되게 되면서 폐지되고 관련시설은 해군에 인계]. 조 선신탄炭薪배급통제규칙 공포 시행
1943	8	3	일본	
1943	8	8	일본	
1943	8	9	일본/ 조선	조선식량관리령 공포[제령 제44호. 식량을 국가 관리 아래 두어 수급조정·가격 조정·배급통제를 실시하고 조선식량영단 결성하는 내용. 9.11.시행규칙 공포. 10.5.조선식량관리령에 의거해 조선식량영단 설립]
1943	8	10	일본	
1943	8	13	일본	
1943	8	16	일본	
1943	8	20	일본	
1943	8	27	일본	
1943	9	1	일본/ 조선	개정 국민징용령 시행
1943	9	13	조선	조선석탄배급통제규칙 공포[물자통제령 의거]
1943	9	21	일본	
1943	9	23	일본	
1943	9	27	조선	조선총독부 보물고적명승천연기념물보존회, 황해도 봉산군 휴류산성 석회석 채굴 결정[전쟁용 시멘트 생산을 위해]
1943	9	30	일본/ 조선	국민징용령 시행규칙 개정[조선총독부령 제305호]. 국민징용부조규칙 공포[조 선총독부령 제309호. 1945.1.23.개정(조선총독부령 제6호). 1945.6.18.개정(조선 총독부령 제141호)]. 조선청과물배급통제규칙 발표[물자통제령 의거]

일본(만주국, 남사할린, 타이완, 중국 관내 포함)	유럽. 국지전, 세계대전, 아태전쟁
	버마, 영국으로부터 독립을 선언하고, 미·영에 선전 포고. 일본-버마간 동맹 조약 조인
각의결정[1944년도 국가총동원계획책정에 관한 건]	
홋카이도 아사지노淺茅野육군비행장 린치사건[사망 자2명, 조선인 포함]	
히로시마 구레吳 해군시설부 소속 징용공 김선근金善根, 조선인 징용공 700명을 이끌고 취역거부하며 봉기[해군이 진압. 1944.3.17.해군군법회의에서 해군 형법 제68조 제2호에 의해 징역 4년형을 언도받음. 함께 송치된 동료 29명 모두 실형 선고. 5.6.형집행정 지로 풀려났으나 후유증으로 사망(6.19)]	
후생성, 응징사복무기율 공포	
각의결정[남양군도 산업정비계획요강]	
야마구치현 일본광업㈜ 산요山陽무연광업소에서 조 선인 갱부 582명이 일본인 갱부와 난투 발생[일본인 방호단과 노무보국대 90명이 무장을 하고 진압에 나 선 결과 조선인 41명이 피체되어 32명이 기소]	
각의, 과학연구의 긴급정비방책 요강 결정[과학연구 는 전쟁수행을 유일하고도 절대적인 목표로 해야 한 다는 내용]	
각의결정[지하자원긴급조치요강]	
상공성, 탄광통합실시요강 발표. 후생성, 여자체력장 검정제 실시	
각의, 현 정세하 국정운영 요강 결정[국책의 기본 방 침으로 삼음. 차관회의, 여자근로정신대 제도 결정	
각의, 국내필승근로대책 결정[17개 직종에 남자취업 금지, 25세 미만 미혼여성의 근로정신대 동원]. 각의, 1945년도부터 타이완에 징병제 실시 결정	
어전회의, 금후의 전쟁지도대강 및 당면에 긴급 조치 에 관한 건 결정[절대방위선 후퇴]	

연	월	일	지역	조선[조선인 관련 포함]
1943	10	1	조선	제1기 해군지원병 훈련소(진해) 입소. 군수수송을 위해 일부 여객열차 폐지
1943	10	2	일본/태평양	
1943	10	5	조선	관부연락선 곤론마루崑崙丸, 미국잠수함 공격으로 격침되어 544명 사망
1943	10	6	태평양	
1943	10	7	조선	사정국 노무과장, 중류계급유휴노동력의 전면적 동원 계획 수립[국민학교·여학교·여자전문학교출신자로서 14세 이상 미혼여성을 전면 생산전에 진출하도록 활동 개시]
1943	10	8	일본/조선	생산증강노무강화대책요강 발표[10.9.정무총감 담화. 여성노무에 대한 적극적 활동 방안]
1943	10	12	일본	
1943	10	14	동남아	
1943	10	18	일본	
1943	10	20	일본/조선	육군특별지원병 채용시행규칙 공포[학도지원병 채용 근거. 10.25.학도지원병 징병검사실시. 11.8.문계 대학과 전문,고등학교 재학생으로 학도지원병에 지원하지 않은 적령자 및 졸업생에게 징용영장 발급. 11.20.학도지원병 적격자 1천명 중 959명 지원 수속 완료. 12,8,학무국장, '조선인학도가 징병검사에 응하지 않을 경우, 즉일 공장 등에 징용령서를 보낸다'는 담화 발표 직후 일제징용령을 발동하고 비지원자 검거. 1944.1.5.비지원자 대상으로 태릉 훈련소에서 2주간 훈련 실시한 후 채석장 등 작업현장 배치. 1944.1.20.학도지원병 입영]
1943	10	21	일본	
1943	10	23	일본/조선	경북 영일 오천비행장공사장 사고로 다수 사망
1943	10	28	일본	
1943	10	31	일본	
1943	11	1	유럽/일본/태평양	
1943	11	5	일본/조선	함북 경원 고건원탄광 사고 발생해 다수 사망

일본(만주국, 남사할린, 타이완, 중국 관내 포함)	유럽. 국지전, 세계대전, 아태전쟁
재학징집연기임시특례 공포[학생의 징병유예 정지. 12.1.제1회 학도병 입대]	일본군, 솔로몬군도 코론반가라섬 철퇴
	일본군, 솔로몬군도 배라리배라섬 철퇴
각의결정[군수성설치요강]	
각의, 교육에 관한 전시비상조치 방책 공포[이공계와 교원양성학교 제외한 학생 징병유예 정지. 조선에 적용]	
	필리핀공화국, 독립선언. 일본-필리핀간 동맹조약 조인[10.20.시행]
통제회사령 공포	
육군성, 육군특별지원병임시채용규칙 발표[육군성 령 제48호. 당일 시행. 일본 거주 조선인 학생의 징병 유예 폐지]. 도쿄도 고지마치구麴町區에서 최초의 여 자근로정신대 결성[중등학교장과 청소년 단장을 중 심으로 결성된 여자근로정신대가 공장사업장으로 집단 동원]	
문부성과 학교보국단 본부, 출진 학도 장행회 거행 [메이지신궁 육상경기장]	
자유인도정부 승인을 성명	
나가사키현 미쓰비시광업㈜ 다카시마高島탄광 가스 폭발사고[사망자 70명. 조선인 포함]	
방공법 개정[방공업무에 분산소개 등 전국 악화와 본토 공습 위험에 따른 대응 내용 추가. 1944.1.8.방공 법 시행령 개정. 1944.1.9.개정 방공법 시행. 군수회 사법 제정 공포[민간군수공업의 직접 관리. 12.17.시 행. 1944년 1월·4월·12월에 총 3차례 지정]. 각의결 정[전력증원긴급조치요강]	
병역벽 개정 공포[법률 제110호. 국민병역을 45세 연 장]. 군수성·운수통신성·농상성 관제 공포	연합국(미·영·소) 3국 수뇌, 잔학행위에 관한 성명 서 서명[국제전범재판소의 전범 처리 지침]. 미군, 솔 로몬군도 부겐빌섬 상륙
대동아회의 개최[일본·필리핀·타이·버마·만주·중 국 대표 참가. 대동아 제국의 상호 협력과 전쟁 완수 등 공동선언 발표]	

연	월	일	지역	조선[조선인 관련 포함]
1943	11	7	동남아	
1943	11	11	동남아	
1943	11	21	일본/ 태평양	
1943	11	27	유럽	
1943	11		일본	
1943	12	1	만주/ 일본/ 조선	조선총독부, 사정국 노무과를 광공국 노무과로 개편['국민근로' 업무 개시]. 도 사무분장규정 개정[국민등록·국민근로교육·국민징용 항목 추가]
1943	12	9	조선	경성무학고녀 생도, 해군봉사대(군속) 결성[조선인 생도 포함]
1943	12	10	일본	
1943	12	11	일본/ 조선	조선총독부 중앙기구 개편으로 11개 국과 관방 가운데 6개를 폐지하고 광공·농상·교통국 등 3개 국을 신설[중요물자증산을 뒷받침하고자 인적물적 자원동원체제를 개편]
1943	12	21	만주/ 일본	
1943	12	24	일본	
1944	1	1	남 사할린	
1944	1	4	만주	
1944	1	7	동남아/ 일본	
1944	1	8	일본/ 조선	용산 관내, 요리영업관계 만 16세 이상 고녀雇女들로 특별여자청년정신대 결성[17일 결성식]
1944	1	13	일본	
1944	1	14	조선	황해 해주 해주형무소에서 집단 구타로 수감 중이던 징용거부자 다수 사망
1944	1	17	일본	
1944	1	18	일본	

일본(만주국, 남사할린, 타이완, 중국 관내 포함)	유럽. 국지전, 세계대전, 아태전쟁
	일본군 남방통감부, 군억류자취급규정 발령[네덜란드 민간인 억류 근거. 1944.3.인도네시아 자바에 군억류소 개설되어 제16군이 관할]
	일본군 말레이 군정감부, 위안시설 및 여관 영업 관리 규정 제정[군위안소의 유형을 '군전용'과 '군이용'으로 구분]
조선장학회, 조선인 지원병 지원자 대상 반도학도격려강연회 개최[메이지학원에서 참가자 300명. 강사 이광수李光洙]	미군, 길버트제도 마킨·다라와섬 상륙[11.25.일본군 수비대 5400명 전멸. 설영대원 1500명 포함. 조선인 포함]
	미·영·중 수뇌, 카이로 선언 발표[조선독립 보장 내용 포함]
국민방공 중앙기관으로써 방공총본부 신설[장관은 내무대신, 내무성 방공국 폐지]	
제1회 학도지원병 입대. 만주국, 교정보도원령 공포[사법부 사법교정총국(1943.4.27.설립)관할 아래 교정보도원을 설치하고 공장·광산소재지에 수감인 배치]	
문부성, 학동學童의 연고소개緣故疏開 촉진 발표	
각의, 일만식량자급에 관한 조치 요강 결정[일본·조선·타이완·만주 각 지역의 식량확보 방안]	
각의결정[도시소개都市疏開실시요강]. 만주국, 국민수장법國民手帳法 공포[만주국 칙령 제319호]	
징병적령임시특례 공포[징병연령을 1년 하향해 19세로 조정]	
남사할린 닛테쓰日鐵㈜ 도마리케시泊岸광업소에 동원된 조선인 노무자 863명이 지도원의 일상적인 폭행에 봉기해 사무소를 습격	
만주국, 중요사업장노무관리규정 공포[민생부령 제1호]	
각의결정[신탄薪炭확보대책요강]	일본 대본영, 임팔작전 허가[아샘주 진공작전. 3.8.인도국민군과 함께 작전 개시. 7.4.대본영, 임팔작전 중지 명령. 일본군 철수]
각의결정[긴급학도동원방책요강]	
군수성, 제5단계 전력 제한 실시	
제1회 지정군수회사(149사)	
각의, 긴급학도근로동원방책요강 결정[학도근로원은 연간 4개월 계속하는 내용. 3,7,연중 계속 실시로 변경]. 군수회사법에 의거해 제1회 군수회사 지정	

연	월	일	지역	조선[조선인 관련 포함]
1944	1	19	일본	
1944	1	24	중국	
1944	1	26	일본	
1944	2	1	조선/태평양	조선총독부 방위총본부규정 공포[8.20.방위총본부 개설]
1944	2	4	일본	
1944	2	6	조선	농업생산책임제 실시 요강 발표
1944	2	8	조선	국민징용령 제16조 제5호 규정에 기초한 응징사복무규율 공포 시행[조선총독부령 제34호]. 광산·군수공장에 대한 현원징용 단행
1944	2	10	조선	조선여자청년연성소규정 공포[16세이상 국민학교 초등과 미필자]
1944	2	14	조선	조선에서 재판수속의 간소화를 위한 국방보안법 및 치안유지법의 전시 특례 공포[법률 제20호]. 전시특수손해보험법 공포
1944	2	15	일본/조선	조선총독부재판소령전시특례(제령 제2호)·조선전시형사특별령 제정[제령 제4호. 일제 말기의 대표적 치안법. 1942.2.24자로 일본에서 법률 제64호로 공포된 전시형사특별법에 근거해 제정]
1944	2	17	태평양	
1944	2	18	동남아/일본	
1944	2	19	일본	
1944	2	25	일본	
1944	2	28	일본	
1944	2	29	일본	
1944	3	3	일본	

일본(만주국, 남사할린, 타이완, 중국 관내 포함)	유럽. 국지전, 세계대전, 아태전쟁
각의결정[긴급국민근로동원방책요강]. 홋카이도 가무이神威탄광 가스폭발사고[27명. 1.26.가스폭발사고로 32명 사망, 조선인 포함]	
	일본 대본영, 대륙타통작전 명령[4.17.일본 중국파견군, 대륙타통작전의 일환으로 경한京漢 작전 개시. 5.27.오한 작전 개시]
내무성, 도쿄·나고야에 처음으로 소개疏開 명령[건물을 강제로 부순 후 각 도시로 소개하도록 함]	
	미군, 마샬제도 콰젤란·리에트 상륙[2.6.일본 수비대 전멸. 조선인 포함 6800명 사망]
문부성, 대학·고등전문학교의 군사교육강화방침을 발표	
후생연금보험법 공포[피보험자 범위를 5인 이상 사업장과 여자노동자·사무직원으로 확대하는 내용. 전시국가재정과 경제정책의 원활한 수행을 목적으로 이전의 노동자연금보험제도를 개편, 조선인 포함]	
	미군, 캐롤라인 제도 추크섬 공습[2월 공습 피해 사망 13만명·비행기 8천기·함정 70척·선박 115척. 조선인 사망자 포함]
국민징용령 개정[칙령 제89호]	인도네시아 자바에서 항일봉기 발발[자바 최초의 반일저항운동. 수카마나Sukamana이슬람기숙학교 학생 900명이 주도. 무장대치 중 일본군과 헌병대에 의해 진압당함]
국민직업능력신고령 개정 공포[2.22.임시인구조사와 국민등록 실시]	
각의, 결전비상조치요강 결정[결전조치 15개 항목을 설정하고 통제체제를 강화]	
각의, 화인華人 노무자 내지이입의 추진에 관한 건 결정[중국인 노동력의 본격 동원. 1945.5월까지 38,939명 동원]	
각의결정[해상유송력비상동원실시방침요령]	
각의결정[결전비상조치요강에 의한 국민학교학동학교급식, 공지空地이용철저 등에 관한 건]·[일반소개촉진요강]	

연	월	일	지역	조선[조선인 관련 포함]
1944	3	6	일본	
1944	3	7	일본	
1944	3	10	일본	
1944	3	18	일본/ 조선	학도군사교육강화요강·학도동원비상조치요강 발표[4.1.실시]
1944	3	20	조선	평양여자근로정신대 제1대, 군 소속 공창工廠으로 출동[4.4.제2대 출동]
1944	3	22	일본	
1944	3	26	일본	
1944	3	29	조선	육군특별조종견습사관 모집 발표
1944	3	31	태평양	
1944	4	1	조선/ 태평양	제1회 징병 검사 실시[-8.20]. 조선여자청년연성소 훈련 개시. 해군지원병, 해병단 입대. 군수광공업 군수생산책임제 실시[주요 광산과 회사에 적용]
1944	4	4	일본	
1944	4	21	조선	경북 군위군 출신 남양행 노무자 427명, 팔라우로 출발[중도 이탈로 요코하마에서 조선인 승선자는 334명 중 중도 사망자 1명 발생. 5.25.연합군의 어뢰공격으로 수송선 오사카호가 침몰해 승선자 334명 중 조선인 27명 사망. 5.27.조선인 306명이 팔라우 도착해 남양청 토목과 소속 직영 공사장에서 노역. 수송사고 이후에도 현지에서 사고 후유증과 다양한 이유 등으로 사망이 급증해 승선자 334명 중 총 151명 사망]
1944	4	22	조선	조선총독부군무예비훈련소관제 공포[평양·양주·시흥에 훈련소 설치하고 5월부터 훈련 실시. 5.1.육군특별지원병지원자훈련소가 군무예비훈련소로 변경됨에 따라 조선총독부육군병지원자훈련소관련 규정 폐지]
1944	4	25	일본	
1944	4	28	일본/ 조선	학도동원본부규정 공포[각도에 학도동원본부를 신설하고 학교별 학생동원기준을 설정. 국민학교 4학년 이상 대학까지 동원체제 확립]
1944	4	30	조선	함남 장진 장진강수력발전소 사고로 다수 사망
1944	5	1	일본/ 조선	전주신사·함흥신사의 격을 국폐소사로 승격[조선총독부 고시 제674호. 1도 1국폐소사 설립 정책에 의거]
1944	5	2	일본/ 조선	
1944	5	5	조선	교육에 관한 전시비상조치방책 지도요강 실시. 1944년산 맥류 공출확보에 관한 건 발표
1944	5	8	조선	제1회 동원생도(인천고녀·소화고녀 등)들이 인천조병창에 동원됨

일본(만주국, 남사할린, 타이완, 중국 관내 포함)	유럽. 국지전, 세계대전, 아태전쟁
신문 석간 폐지	
각의, 결전비상조치에 따른 학도동원비상조치요강 결정[3.18.조선에 적용]	
각의결정[긴급선원동원강화요강]	
각의결정[근로앙양방책요강]·[여자정신대제도강화방책요강]	
문부성 차관 통달 하달[각종 학교 재학자는 재학기간동안 여자정신대를 결성]	
대본영연락회의, 1944년도 물자동원계획에 관한 건 승인[물자동원계획의 붕괴]	
	일본군 연합군함대함장관(古賀峯– 대장) 행방불명 [4.5.순직 발표]
	사이판 주둔 일본군, 남양흥발㈜과 군민협정(矢野-小原 협정) 체결[회사 소속 조선인 노무자를 군무원으로 동원하는 근거]
각의, 13개 도도부현에 비상경비대 설치	
제2회 지정군수회사(424사)	
각의결정[미곡증산 및 공출장려에 관한 특별조치]	
각의, 피징용자등근로원호강화요강 결정[재단법인 국민징용원호회를 확충 강화한 국민동원원호회 설치운영규정 등]. 후쿠오카현 야마노山野탄광 가스폭발사고[사망자 16명, 조선인 포함]	
노무조정령 및 국민직업능력신고령 개정	

연	월	일	지역	조선[조선인 관련 포함]
1944	5	9	일본/조선	해군특별지원병령 개정[5.10.조선총독부 해군지원자 훈련소 설치]. 여자정신대 경남반, 일본 도야마富山현 소재 후지코시不二越강재공업㈜에 동원[6.8.경북반 송출. 7.6.경기반 송출]
1944	5	11	만주	
1944	5	16	일본	
1944	5	18	조선	경성부윤·경기도광공부장·국민학교장 등 200여명, 덕수국민학교에서 여자근로보국정신대 구체적 시책 협의
1944	5	24	조선	경북 경산 보국코발트광산 TNT 폭발사고로 사망자 다수 발생
1944	5	29	일본	
1944	6	3	조선	제1회 해군병 징모검사 개시[진해 해병단에 직접 입단]
1944	6	6	일본/조선	함북 경흥 조선인조㈜ 아오지탄광 사고로 다수 사망
1944	6	8	조선	경북 여자정신대, 도야마富山현 후지코시강재㈜로 출발
1944	6	10	조선	경남 진해만 해상에서 인력동원 수송 중 연합군 공습으로 사망자 발생
1944	6	12	조선	전남 여자근로정신대, 미쓰비시중공업 나고야항공기제작소 도도쿠道德 공장에 입소하기 위해 광주 출발
1944	6	15	태평양	
1944	6	16	일본	
1944	6	17	일본/조선	미곡강제공출제 할당제 실시. 조선선원령전시특례 공포[7.1.시행]. 경북도 광공부장, 관할군수회의에서 응징공원 동원지시 공문 배포
1944	6	18	조선	함북 경원 소재 하면탄광 사고 발생해 다수 사망
1944	6	19	태평양	
1944	6	20	일본	
1944	6	21	일본	
1944	6	30	일본	
1944	7	2	조선	경기도 여자정신대, 도야마현 후지코시강재㈜로 출발[도청회의실에서 장행회. 7.6.여자근로정신대 제3차 출발]

일본(만주국, 남사할린, 타이완, 중국 관내 포함)	유럽. 국지전, 세계대전, 아태전쟁
해군특별지원병령 개정	
만주국 흥농부, 1944년도 농지조상개량사업조성요령 발표[12개 지역을 사업지로 지정하고 만주농지개발공사와 만주척식공사 등이 경영하도록 규정]	
문부성, 학교공장화실시요강 발표. 홋카이도 비바이 탄광 가스폭발사고[사망자 109명, 조선인 포함]	
아키타秋田현 하나오카花崗광산 나나쓰다테七ツ館갱 매몰사고[조선인 11명 포함 총 22명 사망]	
정부, 여자정신대에 관한 칙령안 요강 결정[12-40세 미혼여성을 강제적으로 총동원업무에 종사하도록 하는 내용]	
	미군, 마리아나제도 사이판섬 상륙[7.7.일본군 수비대 약 3만명 전멸하고 일반 주민 1만명 사망. 조선인 포함]
미군, 중국기지에서 발진한 B-29폭격기가 기타규슈北九州 지역 최초 폭격	
미곡관리요강 결정	
	일본군, 마리아나해전 참패[일본군 항공모함·항공기 대부분 괴멸]
홋카이도 가야누마茅沼광업소 소속 조선인 노무자 사망사고와 관련해 조선인 노무자 400명이 파업[98명 피체]	
차관회의, 여자정신대 수입측吳入側 조치요강 결정	
각의, 학동소개촉진요강 결정[국민학생의 소개를 촉진]	

연	월	일	지역	조선[조선인 관련 포함]
1944	7	4	동남아	
1944	7	7	태평양	
1944	7	8	일본	
1944	7	16	타이완	
1944	7	18	일본	
1944	7	19	일본	
1944	7	20	일본	
1944	7	21	조선/태평양	제9대 조선총독에 아베 노부유키阿部信行 임명
1944	7	24	태평양	
1944	7	25	조선	대왕산결사대의 대왕산죽창의거[경북 경산 출신 안창률安昌律 등 29명이 징용을 거부하고 죽창과 식량·취사도구·연장을 준비해 대왕산에 들어가 일본순사 및 경방단원 등과 접전을 벌이다가 피검]
1944	7	29	조선	조선에서 양곡의 증산 및 공출장려에 관한 특별조치 요강 발표
1944	8	4	동남아/일본	
1944	8	5	일본	
1944	8	8	일본	
1944	8	10	일본	
1944	8	11	일본	
1944	8	13	태평양	
1944	8	15	일본	
1944	8	16	일본	

일본(만주국, 남사할린, 타이완, 중국 관내 포함)	유럽. 국지전, 세계대전, 아태전쟁
	일본 대본영, 인팔작전 중지 명령[10만명 중 3만명 사망]
	일본군, 미군 공격으로 사이판섬 수비대 3만명 전멸. 주민 1만명 사망[조선인 포함]
군수회사법 제12조 최초 발동	
	타이완 근해에서 일본군 수송선단 23척 중 6척이 미군 잠수함 어뢰공격으로 침몰[군위안부로 동원 중이던 조선여성 등 사망]
도조 내각 총사직[7.22.고이소 구니아키小磯國昭내각 성립]	
육군, 헌병 및 경방단을 동원해 귀환을 요구하는 홋카이도 해군공사장 소속 조선인 노무자 87명과 군 관리 채석장 소속 조선인 노무자 317명을 진압	
국민징용령 개정. 제3어뢰정부대, 홋카이도 구시로釧路 시내의 해군지정 식당·유곽 중 6개소를 병원兵員위안소로 지정	
	미군, 괌섬 상륙[8.10.일본군 수비대 18,000명 전멸. 조선인 사망자 포함]
	미군, 티니안섬 상륙[8.1.미군, 티니안 점령 발표. 8.3.일본군 수비대 8천명 전멸. 조선인 사망자 포함]
각의, 국민총무장 결정하고 죽창훈련 등 개시	미·중 연합군, 버마 무도키나 점령
대본영, 정부간 연락회의 폐지하고 최고전쟁지도회의로 개칭	
각의, 반도인노무자의 이입에 관한 건 결정[이입노무자에 대한 징용 적용 정책]	
미군, 사세보佐世保 군항 공습	
각의, 화태 및 구시로釧路탄광근로자,자재 등의 급속전환에 관한 건 결정[남사할린 조선인탄광부 전환배치의 근거. 8.18.이 결정에 따라 화태청은 탄광정비근로연락본부를 설치하고 전근 조치 시행. 9.16.일본 4개현 26개소 탄광으로 전환배치 완료]	
	미군, 괌도 점령 발표
각의, 총동원경비요강 결정[국내방위태세 강화. 10월에 조선총독부는 '조선의 총동원경비요강' 책정]	
각의결정[1944년도 국민동원계획책정에 관한 건]·[1944년도 국민동원계획수급수]	

연	월	일	지역	조선[조선인 관련 포함]
1944	8	19	일본	
1944	8	20	일본/조선	조선총독부 방위총본부 개설[총본부내에 방위대책심의회 설치]. 부산 전포동 미야케구미三宅組 토취장사고로 노무자 다수 사망
1944	8	23	일본	
1944	8	30	조선	학도근로령 실시
1944	9	1	타이완/조선	징병자 입대[전조선 제1회 징병자 입영행사 개최]. 정무총감, 통첩(농업요원설치요강) 발표[전국 순수농가 남성의 68%를 농업요원으로 지정하고 식량공출을 촉구]
1944	9	5	일본/조선	
1944	9	7	일본	
1944	9	8	중국	
1944	9	10	중국	
1944	9	15	중국	
1944	9	16	일본	
1944	9	29	만주	
1944	10	1	조선	함북 경원 소재조선인조㈜ 아오지탄광 사고 발생해 다수 사망
1944	10	5	조선	조선총독부, 근로동원본부규정 제정[10.15.각도에 근로동원본부 설치]
1944	10	7	동남아	
1944	10	10	일본	
1944	10	14	일본	

일본(만주국, 남사할린, 타이완, 중국 관내 포함)	유럽. 국지전, 세계대전, 아태전쟁
최고전쟁지도자회의, 세계정세판단과 금후 채택해야 할 전쟁지도대강 결정	
오키나와에서 이동하는 소개선이 미군함 공격으로 침몰해 학생 700명을 포함한 1,500명 사망. 홋카이도 미루토美流渡탄광 갱내화재[사망자 34명, 조선인 포함]. 미군, 야하타八幡 지역 공습	
여자정신근로령 공포[만 12-40세 배우자 없는 여성의 근로동원 규정]. 학도근로령 공포[대학·고등전문학교 2년 이상 이과계 학생 천명에 한해 근로동원에서 제외. 8.30.실시]	
타이완에서 징병제 실시	
근로원호실시규정 발표	
고이소 구니아키총리, 인도네시아 독립 용인한다는 성명 발표	
	미군 B-29 약 100대, 남만주 공습
	일본군, 중국 윈난성雲南省에서 수비대 1400명 전멸
	일본군, 중국 덩위에騰越에서 수비대 1500명 전멸
이시카와石川현에서 결성된 여자정신대 제1진 150명이 도요카와豊川 해군공창 입소를 위해 출발 [1945.8.7.미군 공습으로 여자정신대원과 소학생 등 2400명 폭사]	
만주국, 노동자긴급취로규정 개정	
	태국 포로수용소, 김주석金周奭 사건 발생[포로감시원 김주석이 영국군 포로들과 모의해 중국으로 탈출을 감행하다 헌병대에 피체. 2.19.군법회의 재판에서 사형선고]
미군, 오키나와·미야코지마宮古島 등 공습	
육군특별지원병령 개정[칙령 제594호]	

연	월	일	지역	조선[조선인 관련 포함]
1944	10	15	조선	조선총독부, 광공국 노무과를 광공국 근로동원과·근로조정과·근로지도과로 확대 개편[부서명과 업무 내용에서 '노무'를 '근로'로 대체]. 도사무분장규정 개정[국민근로원호와 국민근로관리 사항 추가]
1944	10	16	타이완/일본	
1944	10	17	조선	군수회사법을 조선·타이완에 시행. 경북 칠곡군 농민 40명, 응징사로 동원되어 효고兵庫현 가와사키川崎조선소로 출발
1944	10	18	일본	
1944	10	19	조선	17세 이상 남자를 제2국민병 병적신고 결정
1944	10	20	동남아	
1944	10	24	동남아	
1944	10	25	동남아/일본/조선	미군, 제주도에 공습[11.11·1945.6.26·8.6.공습과 총격 감행]
1944	10	27	조선	군수회사법 시행. 매일신보 1면 광고란에 '군위안부 급모' 광고 게재[18-30세 이하 대상]
1944	10	30	조선	광공국, 학도근로령 시행규칙 공포[조선총독부령 제360호]
1944	11	1	일본	
1944	11	11	일본/조선	미군, 제주도에 공습
1944	11	17	일본	
1944	11	21	조선	노무조정령, 근로보국대령 개정
1944	11	24	일본	
1944	11	25	일본	
1944	11	27	일본	
1944	12	5	조선	문화통제령에 의한 백금제품 등 양도에 관한 통제령 시행[거부자는 10년 이하 징역]
1944	12	7	일본	
1944	12	13	일본	
1944	12	14	조선	경북 문경 신사공사장에서 발생한 매몰사고로 마성국민학교생 집단 사망
1944	12	19	일본	

일본(만주국, 남사할린, 타이완, 중국 관내 포함)	유럽. 국지전, 세계대전, 아태전쟁
각의결정[국내방위방책요강]	미군 B-29, 타이완 공습
육군성, 병역법 시행규칙 개정 공포[17세 이상 병역 편입. 11.1.시행]	
	미군, 필리핀 중부 레이티 섬 상륙[12.19.일본 대본영, 레이티 지상작전 중지 명령]
	일본군, 레이티만 해전에서 패퇴
미군 B-29, 기타큐슈北九州·오무라大村 해군 제21항공창·나가사키·오무타大牟田 공습	일본 해군 자살특공대[일명 가미카제, 신푸神風], 레이티만에서 최초로 미군함 공격
총합계획국관제 공포[내각 직속의 중요국책 기획 부서]	
육군성, 연안경비계획설정상 기준 작성. 미군, 기타큐슈·오무라 지구 공습[11.21·11.24-25·12.19]	
노무조정령 개정	
미군 B-29, 도쿄 지구 최초 공습	
미군, 오무타 공습	
미군, 도쿄 공습[11.29·11.30·12.3·12.27]	
동남해 지진 발생, 미쓰비시중공업 나고야항공기제작소 도도쿠德공장에 동원된 여자근로정신대원 6명 사망[조선인 2명 포함. 유해는 봉환]	
미군, 나고야 최초 공습[12.18.공습으로 미쓰비시중공업 나고야항공기제작소 도도쿠공장에 동원된 반도여자정신대원 1명 사망. 12.22.공습]	
미군 공습으로 1945.8.14일 까지 오사카육군조병창에 동원된 조선인 중 382명 사망	

연	월	일	지역	조선[조선인 관련 포함]
1944	12	22	일본	
1944	12	27	조선	군수회사징용규칙 공포 시행[조선총독부령 제414호]
1944	12	29	동남아/일본	
1945	1	3	일본	
1945	1	4	동남아	
1945	1	6	일본	
1945	1	11	조선	진해진수부, 해군특별지원병과 해군공작병 임시 모집
1945	1	13	일본	
1945	1	18	일본	
1945	1	19	일본	
1945	1	20	일본	
1945	1	22	일본	
1945	1	23	조선	국민징용부조규칙 개정[조선총독부령 제6호]
1945	1	24	조선	제2회 여자정신대원 모집[일본 파견 목표]
1945	1	25	일본/조선	부산-신의주간 복선공사 완공[3.1.개통]
1945	1	26	조선	군수회사법에 의한 군수충족회사령 공포 시행[7.2.시행규칙 공포]
1945	1	27	일본/조선	조선총독부, 광공국 근로동원과를 광공국 근로부 동원과·조정과·지도과로 개편
1945	1	28	조선	경기 인천 조병창으로 동원을 위해 수송 중 선박 전복사고로 집단 사망

일본(만주국, 남사할린, 타이완, 중국 관내 포함)	유럽. 국지전, 세계대전, 아태전쟁
각의, 조선 및 타이완동포에 대한 처우개선에 관한 건 결정[조선인의 일본 도항제한 제도 철폐]	
군수회사법에 따라 109개 회사를 군수회사로 지정 [제3차]	인도네시아 자바 수모워노Sumowono 훈련소 연병장 취사장에서 조선인 포로감시원들이 고려독립청년당 창당[이억관李億觀을 총령으로 16명. 항일무장투쟁 방침 확정. 1945.1.4.암바라와 사건 발발. 1.7.포로운반선 스미레호 탈취사건 계획 수립했으나 사전누설로 28일 주모자 검거. 5.24.고려독립청년당원 10명이 제16군 군법회의 기소. 7.21.군법회의, 치안유지법위반죄를 적용해 징역 10년(이억관) 등 전원 중형 선고]
미군, 나고야[1.14 · 1.23] · 오사카 공습	
	인도네시아 자바 암바라와Ambarawa 자바포로수용소억류소 제3분소 제2분견소에서 고려독립청년당 조선인항일무장투쟁 발발[당원이던 조선인 포로감시원 3명이 전출과정에서 트럭을 탈취해 역사驛舍와 관공서에 총기를 난사하고 일본인 관계자를 공격해 3명 사살. 1.6.민영학閔泳學 · 손양섭孫亮燮 · 노병한盧秉漢 등 당원 3명 모두 자살]
미군, 기타큐슈 · 오무라 공습[3.27 · 6.20]	
규슈九州대학 여자정신대 결성, 고쿠라小倉조병창으로 출동	
최고전쟁지도회의, 금후 취해야할 전쟁지도대강 결정[본토결전즉응태세 확립]	
선원동원령 공포[칙령 제22호. 선원직업능력신고령 · 선박운항기능자양성령 · 선원징용령 · 선원사용등통제령 폐지. 1.25.시행]. 각의결정[공습대책긴급강화요강]. 미군, 한신阪神지구 공습[5.11]	
히로히토 천황, 대본영이 상주한 '제국 육해군 작전계획대강'을 재가	
미군, 난세南西제도 공습[3.28]	
최고전쟁지도회의, 결전비상조치요강 결정	
군수충족회사령 공포[비군수산업인 건설 · 운수업 등에서 군수 충족상 필요한 사업에 대해 군이 관리하도록 함]. 미군, 도쿄 공습[2.25 · 3.4 · 4.2 · 4.7 · 5.24-25]	

연	월	일	지역	조선[조선인 관련 포함]
1945	1	31	조선	전력산업자금 통제강화를 위한 국내자금조사규칙 시행. 함북 경원 조선유연탄 소속 고건원탄광 사고로 노무자 다수 사망
1945	1		조선	전시농업요원제 실시 공포[1,098,000명]. 전조선에서 제2회 징병검사 실시
1945	2	4	동남아/일본	
1945	2	9	중국	
1945	2	10	일본/조선	선원동원령 시행규칙 공포
1945	2	14	동남아	
1945	2	15	일본	
1945	2	16	일본/조선	농촌근로동원 대책요강 결정
1945	2	19	일본	
1945	2	21	조선	해군특별지원병 임시모집 실시
1945	2	22	조선	개성부, 개성신사에서 개성여자정신대원들 봉고제와 장행회 거행
1945	2	23	일본/조선	전투건설단 설치
1945	2	25	조선	경성부 제2회 여자정신대원, 도야마현 후지코시강재㈜로 출발
1945	2	27	일본/조선	전남 제2차 여자정신대원, 도야마현 후지코시강재㈜로 출발
1945	3	6	일본	
1945	3	9	동남아/일본/조선	지방세제 개정[부읍면민세 신설]
1945	3	12	일본	
1945	3	13	일본	
1945	3	15	일본	
1945	3	17	일본	

일본(만주국, 남사할린, 타이완, 중국 관내 포함)	유럽. 국지전, 세계대전, 아태전쟁
미군, 고베 공습[6.5]	미군, 마닐라 시내 진입
	대한민국임시정부, 독일과 일본에 선전포고
병역법 개정 공포[법률 제3호]	
	인도네시아 자바에서 자바향토방위의용군(PETA) 블리따르 대단大團의 항일농민무장 봉기[일명 블리따르Blitar사건. 일본인 4명·친일파 중국인 7명 살해. 봉기 4일만에 주모자가 투항하면서 진압. 3.8.주모자 중 3명, 자카르타 일본군 제16군 군법회의 회부]
미군, 나고야·하마마쓰浜松 공습. 미 기동부대 함재기, 간토지역 최초 공습	
군수금융등특별조치법 공포[3.23.시행]. 미군함재기 1200기, 일본 간토關東지구 공습	
	미군, 일본 이오지마硫黃島 상륙[3.17.일본군 수비대 23,000명 전멸. 조선인 사망자 포함]
각의결정[공장긴급소개요강]	
각의결정[군수생산기업체제 및 운영에 관한 건]	
국민근로동원령 공포[칙령 제 94호. 국민징용령 등 5개 칙령 폐지 통합. 3.10.시행. 4,1.조선에 적용. 1945.10.10.칙령 제566호에 따라 폐지]. 경금속사용 판매제한규칙 공포	
각의결정[학동소개강화요강]. 미군 B-29, 도쿄대공습[-3.10. 23만호 소실, 이재민 100만명, 사상자 12만명(조선인 사망자 1만명 포함)]. 미군 공습으로 이오지마 요코스카해군시설부에 동원되었던 조선인 군무원 1천명 대부분 사망]	일본군, 불령인도네시아에서 무력행사하고 군정 실시
미군, 나고야 대공습	
미군, 오사카 대공습[13만호 소실. 조선인 사망자 포함]	
각의결정[대도시 소개강화요강]	
미군, 고베 대공습[조선인 사망자 포함]	이오지마 일본군의 조직적 저항 종료

연	월	일	지역	조선[조선인 관련 포함]
1945	3	18	일본	
1945	3	19	일본	
1945	3	20	일본	
1945	3	22	일본	
1945	3	23	일본	
1945	3	27	일본	
1945	3	28	일본	
1945	3	31	일본/조선	육군소집령 개정[조선인 남성 17세부터 징병 가능]. 국민근로동원령 시행규칙 공포[조선총독부령 제41호. 4.1.시행]. 국민근로동원부조규칙 개정[4.1.시행]
1945	4	1	일본/조선	국민근로동원령 적용. 조선총독부 광공국장, 여자노무통제에 관해 '12-20세 미만 여성의 동원을 할당제와 인가제로 하고 여자징용은 하지 않는 것이 원칙이나 금후 정세에 따라 활용할 수 있다'고 밝힘
1945	4	3	조선	중의원의원선거법과 귀족원령 개정에 따라 박중양·한상룡·윤치호·박상준·김명준·이종헌·이기용 등이 일본 칙임 귀족원의원이 됨
1945	4	4	일본	
1945	4	5	소련	
1945	4	8	일본	
1945	4	11	일본	
1945	4	12	일본	
1945	4	13	일본	
1945	4	15	일본/조선	교통국, 전시중요물자 수송을 위해 전 철도의 여객수송 제한
1945	4	16	조선	함북 경흥. 조선인조 아오지탄광 사고로 다수 사망

일본(만주국, 남사할린, 타이완, 중국 관내 포함)	유럽. 국지전, 세계대전, 아태전쟁
각의, 결전교육조치요강 결정[국민학교 초등과 이외의 수업을 4월 1일부터 1년간 정지. 조선에 적용]	
미군, 구레吳 공습[5.5·6.22·6.28·7.1·7.24·7.28]	
후쿠오카현 쓰나와키綱分탄광 가스폭발사고[사망자에 조선인 포함]	
후쿠오카현 이즈카탄광 가스폭발사고[사망자 54명, 조선인 포함]	
각의, 국민의용대 조직에 관한 건 결정[본토결전에 대비해 방공과 공습피해복구 등에 전 국민을 동원하기 위해 만든 국민조직. 3.24.신문 보도. 4.13.각의, 국민의용대 조직에 관한 건·상세급박한 경우에 따른 국민전투조직에 관한 건 결정. 4.27.각의, 국민의용대 조직 운영지도에 관한 건 결정. 4.30.내무성, 각 도도부현에 국민의용대조직에 관한 요강 하달. 6.22.의용병역법 및 시행령 공포 시행. 7.5.의용병역법 시행규칙 공포. 7.23.철도의용전투대 편성하령 시행. 8.5.선박의용전투대 편성 완료. 8.12.국민의용대 운영 방침 변경. 8.17.국민의용전투대 해산. 8.21.각의 결정에 의해 국민의용대 해산. 10.24.의용병역법 폐지]	
미군, 고쿠라小倉·야하타 지역 공습	
미군, 규슈 지역 공습	
미군, 다치아라이大刀洗·오무라·가노야鹿屋 공습	
군수공창관제 공포. 중의원의원선거법과 귀족원령 개정[조선·타이완인의 제국의회 참가를 공식화. 조선과 타이완에 거주하는 자로써 10명 이내로 한정해 7개년 임기로 칙임하도록 규정]	미군, 일본 오키나와 본도 상륙[6.23.일본군 수비대 전멸. 일본 일반주민 10만명을 포함해 20만명 사망. 조선인 사망자 포함]
미군, 도쿄·가와사키·요코하마 공습	
	소련외상 몰로토프, 소련주재 일본대사에게 일소중립조약 불연장 통고[중립조약 유효기한 1946.4.25]
미군, 가노야·가고시마鹿兒島·다마노玉野 공습	
홋카이도 호로나이幌內탄광 붕락사고[사망자 5명, 조선인 포함]	
미군, 고오리야마郡山 공습	
미군, 조호쿠城北 대공습	
미군, 가와사키 공습[7.13·7.25]·게이힌京浜 지구 공습	

연	월	일	지역	조선[조선인 관련 포함]
1945	4	17	조선	조선총독부, 광공국 근로부 조정과·지도과를 근로부 근로제1과·근로제2과로 개편
1945	4	21	일본	
1945	4	22	일본	
1945	4	29	조선	부관연락선 일반승객 승선 금지
1945	5	1	조선	전조선 240개소에 징병준비(예비)훈련소 개소
1945	5	4	일본	
1945	5	5	조선	미군, 서남해안 선박 공격[5.6-7·5.11-14·5.18·6.3·6.7·6.10·6.14-15·6.20·6.24·6.26·7.8.선박 공격과 기뢰 투하. 5.6.미군 B-24폭격기 1대, 일본 수송선 공격 중에 일본 선박이 쏜 대포에 맞아 울도鬱島 서남방 해상에 추락]
1945	5	7	유럽/조선	제주-목포간 해상에서 인력동원 수송 중 연합군 공습으로 다수 사망
1945	5	8	일본/조선	미군, 경기 인천 선박 공격[7.18.선박 공격]
1945	5	9	일본/조선	다대포만 해상에서 인력동원 수송 중 연합군 공습으로 다수 사망
1945	5	10	일본	
1945	5	11	조선	학생으로 구성된 공작대, 경성부 건물 소개 개시
1945	5	14	일본/조선	함남 흥남 소재 함흥형무소 제3보국대 사망자 다수 발생
1945	5	15	조선	경성부에 종합배급제 실시
1945	5	17	일본	
1945	5	19	일본/조선	조선수산물배급통제규칙 시행
1945	5	21	조선	함남 흥남 소재 함흥형무소 제3보국대 사망자 다수 발생
1945	5	22	일본	
1945	5	24	일본/조선	미군, 동남해안 선박 공격[5.25·5.29·7.12.선박 공격과 기뢰 투하]
1945	5	25	일본	
1945	5	28	일본	
1945	5	29	일본	
1945	5	30	조선	함남 흥남 소재 함흥형무소 제3보국대 사고로 사망자 다수 발생

일본(만주국, 남사할린, 타이완, 중국 관내 포함)	유럽. 국지전, 세계대전, 아태전쟁
미군, 오이타 공습[3.18 · 5.5 · 7.16-17]	
후쿠시마현 오다小田탄광 갱내 화재[사망자 71명, 조선인 포함]	
홋카이도 도요사토豊里탄광 가스폭발사고[사망자 12명, 조선인 포함]	
	독일, 연합군에 무조건 항복
	미국, 일본에 무조건 항복 권고
	일본정부, 독일항복 후에도 전쟁계속한다고 천명
미군, 이와쿠니岩國 · 도쿠야마德山 · 구레吳 · 마쓰야마松山 공습	
최고전쟁지도회의구성원회의, 소련을 중개로 하는 화평교섭 방침 결정	
미군, 나고야 공습[3.19 · 3.29 · 4.7 · 5.14]	
후쿠오카현 가미야마上山탄광 가스폭발사고[사망자 32명, 조선인 포함]	
전시교육령 공포[학교마다 학도대를 설치하고 지역과 직장마다 연합대 결성. 조선 적용]	
후생 · 군수성, 전시요원긴급요무령 공포[국민근로동원령 제5조 근거]. 미군, 일본 가와사키 · 요코하마 · 시즈오카 · 하마마쓰 공습	
미군, 도쿄의 오다와라小田原 · 하치오지八王子 · 보소房總 지구 공습. 도쿄공습으로 황거 표궁전表宮殿 등 소실	
미군, 지바 · 이바라키 공습	
미군, 요코하마 공습	

연	월	일	지역	조선[조선인 관련 포함]
1945	6	1	일본	
1945	6	2	조선	함남 흥남 소재 함흥형무소 제3보국대 사고로 사망자 다수 발생
1945	6	5	일본	
1945	6	6	미주/일본	
1945	6	9	일본/조선	미군, 부산에서 선박공격[7.13·7.16·7.21-23·7.25-27·7.29·8.6-8·8.10-11.공습과 기뢰투하 등 감행]
1945	6	10	일본	
1945	6	14	조선	학도근로시행규칙 개정. 함흥형무소 제3보국대 사고로 사망자 다수 발생
1945	6	16	조선	국민의용대 조직 요강 발표[7.7.국민의용대 조선총사령부 결성. 7.8.국민의용대 연합의용대 결성. 8.13.국민의용대 훈련요강 발표]
1945	6	17	일본	
1945	6	18	일본/조선	국민징용부조규칙 개정[조선총독부령 제141호]
1945	6	19	일본	
1945	6	20	조선	가덕도 해상에서 인력동원 수송 중 연합군 공습으로 사망자 발생. 인천 해상에서 인력 동원 수송 중 연합군 공습으로 사망자 발생
1945	6	22	일본/조선	징용기피방지를 위한 취체取締지도요항 결정
1945	6	23	일본	
1945	6	25	조선	평남 진남포 소재 진남포 비행장 공사장 사고로 사망자 발생
1945	6	26	일본/조선	미군, 제주도 공습
1945	6	29	일본/조선	전시수송체제 강화를 위한 교통국 부대편성규정 공포. 함남 흥남 소재 함흥형무소 제3보국대 사고로 사망자 다수 발생
1945	6	30	일본	

일본(만주국, 남사할린, 타이완, 중국 관내 포함)	유럽. 국지전, 세계대전, 아태전쟁
미군, 오사카 공습[6.7 · 6.15 · 7.24]	
미군, 아시야芦屋 · 니시노미야西宮 공습	
최고전쟁지도회의, 본토결전방침 채택[6.8.어전회의에서 채택]	
미군, 아마가사키尼崎 · 아츠타 공습	
미군, 지바 공습[7.6]	
미군, 가고시마[7.1 · 7.6] · 오무타 공습	
미군, 시즈오카[-19] · 욧가이치四日市 · 하마마쓰[7.1 · 7.24] 공습	
미군, 도요하시豊橋 · 후쿠오카 대공습	
히로히토 천황, 최고전쟁지도회의 구성원에게 종전의지 표명. 전시긴급조치법 공포[내각에 강력한 독재권한 부여]	
의용병역법 공포 시행[법률 제39호. 현행 병역법에 의한 현역 · 소집 중인 사람 · 육해군 학생을 제외한 남성 15-60세, 여성 17-40세 해당하는 전원에게 의용병이라는 이름의 병역을 의무화하는 근거]	
각의결정[중요물자등 긴급소개에 관한 건]. 미군, 일본 홋카이도 공습[7.14-15]	
미군, 사세보 · 오카야마岡山 공습	
하나오카花崗사건[아키타현 소재 하나오카광산에 강제동원된 중국인이 봉기를 일으켜 헌병 등과 수일간 충돌한 결과 400여명이 사망]	

연	월	일	지역	조선[조선인 관련 포함]
1945	7	4	일본/조선	미군, 전남 광주·충남 대전에 총격과 공습
1945	7	7	일본/조선	국민의용대 조선총사령부 결성
1945	7	9	일본	
1945	7	10	일본	
1945	7	12	일본	
1945	7	14	일본/조선	미군, 중남부 일대 총격과 폭격
1945	7	15	일본/조선	미군, 북동해안 기뢰 투하[7.17.기뢰 투하]
1945	7	16	일본	
1945	7	17	유럽/일본	
1945	7	19	일본	
1945	7	20	조선	가덕도 해상에서 인력동원 수송 중이던 선박이 연합군 공습을 당해 사망자 발생. 함북 경흥 조선인조석유 아오지탄광 사고로 사망자 발생
1945	7	22	조선	미군, 경남 울산에 선박 공격[8.11.선박 공격]
1945	7	23	조선	미군, 함북 나진에 기뢰 투하[7.29·8.1·8.6.기뢰 투하]
1945	7	24	일본/조선	조문기趙文紀 등 대한애국청년당원, 부민관 사건 일으킴[부민관에서 열린 대의당大義黨 주최 아세아민족분격대회장 폭파사건]
1945	7	25	조선	미군, 함북 청진 기뢰 투하[8.1.기뢰 투하]. 함남 흥남 함흥형무소 제3보국대 사고로 다수 사망
1945	7	26	일본	
1945	7	28	일본/조선	미군, 경남 마산·경남 진해 공습[8.7-8.선박 공격]

일본(만주국, 남사할린, 타이완, 중국 관내 포함)	유럽. 국지전, 세계대전, 아태전쟁
중요산업단체령 개정 공포	
전시농업단령 공포[중앙농업회와 전국농업경제회를 통합해 농업통제조직을 일원화]	
다이헤이마루太平丸 사고 발생[강원·황해도 지역에서 동원한 조선인 인력 수송선 다이헤이마루가 쿠릴열도 북단 인근 해역을 지나던 중 미 잠수함 선피시 Sunfish호가 발사한 수중미사일魚雷에 맞아 약 182명의 조선인 사망]. 미군, 일본 사카이堺·와카야마·하마마쓰·도요바시 공습	
최고전쟁지도회의, 소련에 화평중개를 요청하는 사절 파견 결정[7.13.고노에 후미마로를 소련에 파견하기 위해 교섭. 7.18.소련이 사절 파견을 거부]. 각의결정[공습격화에 따른 긴급방위대책요강]	
미군, 우쓰노미야宇都宮 공습	
미군, 홋카이도 남부지역·이와테현 가마이시釜石 함포사격[사상자 423명]	
미군, 홋카이도 무로란室蘭시 함포사격[사상자 485명, 조선인 포함]	
미군, 누마즈沼津·히라쓰카平塚 공습	
미군, 히타치日立 함포사격	미·영·소 3연합국 수뇌, 포츠담에서 전후처리 검토[7.26.포츠담 선언 발표]
미군, 히타치·오카자키岡崎·후쿠이福井·아마가사키尼崎 공습	
미군, 아이치愛知현 나카지마中島비행기 한다半田제작소 공습[조선인 48명 사망]	
미군, 도쿠야마 공습	포츠담 선언 발표[일본의 무조건 항복 요구 등 13개조. 7.28.일본 총리, 포츠담 선언 묵살하는 담화 발표. 8.9.일본정부, 포츠담 선언 수락. 8.10.중립국을 통해 미·영·중·소에 포츠담선언 수락 통고. 8.14.일본, 천황 재결로 포츠담 선언 무조건 수락 결정]
미군, 아오모리青森현 공습	

연	월	일	지역	조선[조선인 관련 포함]
1945	7	29	일본/조선	미군, 경남 통영 선박 공격
1945	7	30	일본/조선	경남 통영, 인력동원을 위한 통영군청 집결지에서 미군 기총소사로 사망자 발생
1945	7	31	일본/조선	미군, 평남 안주에 총격과 폭격
1945	8	1	남사할린/일본	
1945	8	2	만주/일본	
1945	8	4	일본	
1945	8	5	조선	미군, 전북 이리·함남 원산 폭격[8.12.폭격]
1945	8	6	일본/조선	미군, 제주도·함북 나남에 총격과 폭격. 미군, 부산 공습
1945	8	7	일본/조선	미군, 전남 목포·군산 선박 공격
1945	8	8	소련/유럽/조선	소련군, 경흥일대로 진격
1945	8	9	일본/조선	지역의용대, 해군무관부 의용대 편성. 소련군, 경흥 일대 진격
1945	8	10	일본	
1945	8	11	조선	소련군함 2척이 웅기항에 입항
1945	8	13	남사할린/조선	소련군, 청진 상륙. 조선총독부, 국민의용대 훈련요강 발표
1945	8	14	일본	
1945	8	15	일본/한국	광복, 조선건국준비위원회 발족. 인천·부평·부천 등지 군수공장 공원 1000여명, 폭력단을 조직해 적의 기관을 파괴할 폭탄과 화약을 밀장密藏한 혐의로 검거

일본(만주국, 남사할린, 타이완, 중국 관내 포함)	유럽. 국지전, 세계대전, 아태전쟁
미군, 하마마쓰 함포사격	
미군, 시미즈清水 함포사격[-31]	
미군, 홋카이도 하코다테函館 공습[8.5]	
남사할린, 가라후토樺太철도연합의용전투대 편성. 미군, 가와사키 · 나가오카長岡 · 미토水戸 · 하치오지 · 다치가와立川 공습	
만주국 소재 만주일보, 일본 무조건 항복설 보도로 발매금지 당함. 미군, 도야마 공습	
미군, 마에바시前橋 · 다카사키高崎 · 이마바리今治 · 우베宇部 · 니시노미야 공습	
미군, 일본 히로시마 원폭투하[조선인 3만명 사망 추정]	
미군, 도요카와豊川 해군공창 공습[동원 중이던 여자정신대원 · 소학생 등 2400명 폭사. 조선인 포함]	
미군, 일본 후쿠야마 대공습	소련, 대일선전포고[8.9.만주 · 남사할린 · 경흥 일대로 진격. 8.11.소련군함 2척, 웅기항 입항. 8.13.소련군 청진 상륙]. 19개 연합국, 중대전쟁범죄인의 소추 및 처벌에 관한 협정(런던협정) 공표
미군, 일본 나가사키 원폭투하[조선인 1만명 사망 추정] · 오미나토大湊 공습	
스위스 등 중립국을 통해 미 · 영 · 중 · 소 4개국에 포츠담선언 수락 통고[8.12.각의에서 의견 대립. 8.14.어전회의에서 천황 재결로 포츠담 선언무조건 수락 결정]	
남사할린, 의용소집과 의용전투대 편성 발령	
어전회의, 포츠담 선언 수락 결정[중립국을 통해 연합국에 전달]. 정부, 육군성 등 정부기관의 중요기밀문서 소각 결정. 미군, 이와쿠니 공습	
히로히토 천황, 종전 조서 발표	일본, 무조건 항복, 포츠담선언 수락 발표[제2차 세계대전 종결]

연	월	일	지역	조선[조선인 관련 포함]
1945	8	16	만주	
1945	8	17	남사할린/일본/한국	일본군, 서울 요지에 바리케이트 구축
1945	8	18	일본	
1945	8	20	남사할린/일본/한국	옥매광산 광부 집단 사망[제주도에서 군사시설구축공사 투입된 후 귀환 중 청산도 앞바다에서 선박화재로 100여명 집단 사망]
1945	8	21	일본	
1945	8	23	소련	
1945	8	24	일본	
1945	8	26	일본	
1945	8	28	일본	

일본(만주국, 남사할린, 타이완, 중국 관내 포함)	유럽. 국지전, 세계대전, 아태전쟁
	소련군, 일본 관동군에 대한 무장해제와 억류 개시 [조선인 1만여명을 포함한 57만명 이상의 관동군과 제5방면군(남사할린과 지시마 주둔군) 포로가 시베리아 등 수용소에 억류되어 강제노동에 투입. 강제노역·추위·열악한 노동환경으로 인해 다수의 사망자 발생. 생존 조선인은 1948년 7월부터 해제되기 시작해 1950년 초까지 귀환. 일본인 생존자는 1947-1956년간 마이즈루항을 통해 귀국. 일본정부는 일본인 피해자에 대해 독립행정법인 평화기념사업 특별기금등에 관한 법률(1988.5.24)을 제정해 위로품·위로금을 지급했고, 전후강제억류자특별조치법(2010.6)을 통해 생존자 7만명에 대한 특별교부금 지급. 1979.2.일본인 피해자들이 (재)전국억류자보상협의회 결성. 1991.12.한국인 피해자들이 삭풍회朔風會 결성]
히가시쿠니노미야 나루히코東久邇宮稔彦내각 성립. 사할린 가미시스카(현재 지명 레오니도보) 조선인 학살사건[일본 헌병대와 경찰이 피난하는 조선인 가운데 10여명을 억류한 후 17일-18일 이틀간 총살로 학살하고 증거인멸을 위해 사체를 유기 방화]	
내무성, 점령군 상대 성적性的 위안 시설 설치를 지방 장관에 지령	
등화관제 해제. 사할린 미즈호(현재 지명 포자르스코예) 조선인 학살사건[소련군의 남하진격 상황에서 재향군인회와 청년회 등 준 군사조직이 주민들과 함께 20일-25일간 어린이와 노인 등 조선인 마을 주민 27명을 무차별 학살. 소련정부의 재판을 통해 가해자 7명이 사형을, 11명이 10년형을 구형받음]	
정부, 조선인 징용공 징용해제 방침 결정	
	소련, 스탈린 극비 지령 제9898호 발령[중국 만주 지역 일본군 포로 50만명에 대한 소련으로 연행·배치·노동에 관해 논의]
우키시마마루浮島丸 사건[아오모리青森현 시모키타下北반도에서 일하던 조선인 군무원과 가족들이 탄 귀국선이 교토부 마이즈루舞鶴만에서 폭침으로 조선인 약 4천명 사망]	
	일본 관동군사령부, 소련 바실레프스키 원수에게 '군인·만주에 생업이나 가정을 가지고 있는 자·희망자는 소련군의 경영에 협력하게 하고, 나머지는 일본에 귀환시키기를 원한다'는 문서 전달[같은 날, 대본영 아사에다 시게하루朝枝繁春참모가 작성해 소련측에 제출한 보고서 '관동군 방면 정전 상황에 관한 실현 보고'에도 비슷한 취지의 언급]
연합국군 총사령부GHQ를 요코하마에 설치. 미군 선견대, 아쓰기厚木비행장에 도착	

연	월	일	지역	조선[조선인 관련 포함]
1945	8	30	일본	
1945	9	2	일본	
1945	9	9	한국	재조선 일본군 및 총독의 항복문서 조인식[9.19.아베 전 조선총독, 일본 귀국]
1945	9	10	일본	
1945	9	13	일본	
1945	9	17	일본	
1945	9	18	일본	
1945	9	20	일본	
1945	9	25	일본/ 한국	미군정법령 제2호 패전국 소속 재산의 동결 및 이전 제한의 건 발표[일본정부 및 일본인 자산 동결 조치]
1945	9	27	일본	
1945	9	28	한국	미군정법령 제4호 일본육해군재산에 관한 건 발표[일본육해군 재산을 미국 소유로 귀속]
1945	10	4	일본	
1945	10	10	일본	

일본(만주국, 남사할린, 타이완, 중국 관내 포함)	유럽. 국지전, 세계대전, 아태전쟁
연합국군 총사령부GHQ 총사령관 맥아더 장군 일본 입성	
일본-연합국간 항복문서 조인[도쿄만 미주리호 선상]. 맥아더 연합군 최고사령관, 연합군총사령부를 도쿄에 설치	
연합국군 총사령부GHQ, 언론 및 신문 자유에 관한 각서 발표하고 검열 개시[점령군과 연합군에 관한 보도를 엄하게 규제]	
대본영 폐지	
미쓰비시중공업 히로시마공장·미쓰비시조선소에 동원되었던 총 246명(조선인 징용공 241명·인솔자 가족 5명), 민간기범선을 타고 기타큐슈北九州의 도바타戸畑항 출발[마쿠라자키枕崎태풍에 의한 조난사고로 전원 실종]. 태풍에 의한 쓰시마對馬島 귀국선 조난사고[유해 80구 이상 표착]. 태풍으로 와카마쓰若松항 앞 해상에서 귀국선이 조난사고를 당해 100여명 실종[현재 오다야마小田山공동묘지에 유해 안치, 위령비 건립]	
태풍으로 조선인 귀국선이 조난을 당해 이키壱岐섬에 표착[수십명이 사망하고 200여명 구조. 유해는 현재 류진자키龍神崎 지역에 매장. 1967.3.19.사카모토가네토시坂本金敏 등 일본 주민들이 아시베쵸芦邊町에 위령비 건립하고 위패를 천덕사天德寺에 안치]	
문부성, 중등학교 이하 교과서에서 전시교재를 생략 삭제하도록 하는 통첩 내림	
각의결정[전시법령정리에 관한 건]	
히로히토 천황, 맥아더를 방문해 회담	
연합국군 총사령부GHQ, 정치와 신교 및 민권의 자유에 대한 제한의 철폐각서를 일본정부에 교부[정치범과 사상범 등 2500여명 석방]	
국민근로동원령·의료관계자징용령·의료관계자직업능력신고령·공장사업장기능자양성령·중요사업장노무관리령·학도근로령·학교기능자양성령·국민근로동원위원회관제 폐지[칙령 제566호에 의거]. 아쿠네阿久根태풍(10.4.사이판 동해상에서 발생해 10일에 가고시마현 아쿠네시 부근에 상륙)으로 다수의 조선인 귀국선 해난 사고 발생[쓰시마 해안에 표착. 유해는 현지 매장]	

연	월	일	지역	조선[조선인 관련 포함]
1945	10	15	일본	
1945	10	26	일본	
1945	10	30	일본	
1945	11	6	일본	
1945	11	19	일본	
1945	12	6	일본	
1945	12	17	일본	
1945	12	20	일본	
1945	12	22	일본	
1945	12	28	일본	
1945	12	29	일본	
1946	1	1	일본	
1946	1	22	동남아	
1946	4	1	일본	
1946	4	10	일본	
1946	5	3	일본	
1946	6	14	일본	

일본(만주국, 남사할린, 타이완, 중국 관내 포함)	유럽. 국지전, 세계대전, 아태전쟁
치안유지법 사상범보호관찰법 등 폐지의 건 공포. 재일조선인연맹 결성[도쿄 히비야日比谷 공회당, 전국 대표자 약 4천명 참석]	
각의결정[육해군성폐지에 관한 건]	
각의결정[행정정리에 관한 건]	
연합국군 총사령부GHQ, 재벌 해체 권고[1946.8.지주회사정리위원회 설치, 5차례에 걸쳐 23대 재벌회사 해체]	
일본정부, 임시 초혼제 집행[만주사변 이후 야스쿠니신사 미합사 전몰자를 일괄 합사. 11.20.천황·황족·총리·각료 등이 참석한 가운데 야스쿠니신사 천좌제遷座祭 거행]	
재일조선인 선거권 정지	
중의원선거법 개정 공포[여성 참정권 실현]	
국가총동원법 및 전시긴급조치법 폐지 법률[법률 제44호]	
노동조합법 공포. 각의결정[행정정리에 관한 건]	
각의결정[이입화인移入華人 및 조선인노무자 취급에 관한 건]	
농지조정법 개정 공포[제1차 농지개혁 개시. 10.21. 농지조정법 개정과 자작농 창설특별조치법 공포에 따라 제2차 농지 개혁 실시]	
천황, 신일본 건설에 대한 조서 발표[신격화를 부정하고 인간 선언]	
	싱가폴, 전범재판에서 사형이 확정된 BC급 한인 전범 김** 사형 집행[이후 1948.1.23까지 싱가포르·마닐라·자카르타·중국 등지에서 23명의 한국인 BC급 전범 사형 집행]
국가총동원법 폐지[1945.12.20.국가총동원법 및 전시긴급조치법 폐지 법률에 따라 공포]	
제22회 중의원 선거 실시[최초 남녀평등보통선거]	
극동국제군사재판소 개정[1948.11.12.A급전범용의자 25명에게 유죄판결. 11.23.도조 히데키 등 7명 교수형 집행]	
육군지원병령 등 폐지[칙령 제323호]	

연	월	일	지역	조선[조선인 관련 포함]
1946	7	27	소련	
1946	11	3	일본	
1946	12	19	미국/소련	
1947	3	31	일본	
1948	1		한국	김창숙金昌淑·조병옥趙炳玉 등 각계 인사, 강제동원피해에 대한 보상과 대일배상청구를 위한 (사)태평양동지회 결성[1949년까지 활동 기록. 1973.3.강제동원피해자와 유족들이 태평양전쟁유족회 결성하고 한국정부의 대일민간청구권 보상금 문제점 등을 제기. 1990.1.태평양전쟁유족회, 전국조직 태평양전쟁희생자유족회로 재정비]
1948	8	15	한국	대한민국 정부 수립[9.2.조선민주주의인민공화국 수립 선언]
1949	1	4	일본	
1949	12		소련	
1950	6	25	한국	6.25전쟁 발발[1953.7.27.휴전협정 체결]
1950	7	8	일본	
1951	6	20	일본	
1951	9	8	일본	

일본(만주국, 남사할린, 타이완, 중국 관내 포함)	유럽. 국지전, 세계대전, 아태전쟁
	소련 내무장관, 소련 각료회의 의장대리 베리야에게 한인 귀환 관련한 공문 발송['지역당국으로 하여금 고국으로 돌아가기를 희망하는 한인 및 중국인의 청원을 접수하도록 허용하는 것은 당연한 일'. 1947.10.26. 사할린동포구출위원회, 맥아더장군에게 사할란동포의 남한 귀국 요청서 제출. 1948.2월, 주한미군정은 사할린 한인의 남한 귀환에 대해 부정적 결론 내림]
일본국 헌법 공포[1947.5.3.시행]	
	미·소, 소련 점령지구 송환에 관한 미소협정 합의[일본인 귀환 가능. 1947.4.20.제1차 남사할린 일본인 24,307명 귀환. 이후 1949.7.22까지 총 272,335명의 일본인 민간인 귀환. 한국인 제외]
교육기본법과 학교교육령 공포[소학교 6년·중학교 3년 의무교육제도 실시]	
한국정부, 도쿄에 주일대표부 설치[재일동포들의 기부금으로 장소 확보]	
	소련, 하바로프스크 전범 재판 개정[731부대 등 세균병기 관계자 12명 재판 회부]
맥아더 연합국군 최고사령관, 경찰예비대 창설 지령[7만 5천명 규모. 8.10.경찰예비대령 공포, 내각 총리부 직속 치안경찰 역할 규정. 1952년 보안대를 거쳐 1954년 자위대로 개조]	
연합국군 총사령부, 제1차 공직추방해제조치[우익 정치인 등 정·재계인사 295명이 해제. 8.26.추가 추방해제조치로 구 일본육군과 해군 장교 11,185명의 추방 조치 해제]	
샌프란시스코강화조약 체결[전문과 총7장 27개조. 일본 요시다 시게루吉田茂총리가 전권수석으로 48개국과 조인. 일본 주권 회복·오키나와와 오가사와라小笠原 등을 무기한 미국 지배아래 둘 것 등을 규정. 1952.4.28.발효]. 미일안전보장조약 조인. 일본국과 필리핀공화국간 배상 협정 체결[이후 동남아 국가와 경제협력 관계 수립. 1954.11.버마와 경제협력 지원 합의. 1958.1.인도네시아와 평화조약 조인. 1958.2.4.일본인도공동성명 발표하고 배상 합의. 1958.10.라오스와 경제 및 기술협력 협정 체결. 1959.3.2.캄보디아와 경제 및 기술협력협정 체결. 1964.11.타이완과 경제협력 결정. 1967.9.21.싱가포르·말레이시아와 배상 협정 체결. 1975.10.베트남과 경제원조협정 체결]	

연	월	일	지역	조선[조선인 관련 포함]
1951	10	20	일본/한국	한일국교정상화를 위한 제1차 한일회담[-1952.4.21. 일본. 재일한국인 법적 지위·선박반환·기본관계·청구권·어업문제 등 협상]
1952	1	18	한국	이승만 대통령, 해양주권(평화선, 이승만 라인) 선언
1952	4	28	일본	
1952	4	30	일본	
1952	6	14	일본	
1953	2	27	한국	독도영유권 성명
1953	4	15	일본/한국	한일국교정상화를 위한 제2차 한일회담[-1953.7.23. 일본. 재일한국인 법적 지위·선박반환·기본관계·청구권·어업문제 등 협상]
1953	10	6	일본/한국	한일국교정상화를 위한 제3차 한일회담[-1953.10.21. 일본. 재일한국인 법적 지위·선박반환·기본관계·청구권 문제 등 협상]
1954	1	18	한국	독도에 영토표시 설치[5.1.민간수비대 파견. 8.10.등대 설치]
1954	7	1	일본	
1955	4	1	일본	
1955	8	17	한국	정부, 한일간 인적 왕래 및 무역 전면 금지(한일단교)
1956	4	19	일본	
1956	6		중국	
1956	10	19	일본	
1956	12	18	일본	
1957	3	29	일본	
1958	4	15	일본/한국	한일국교정상화를 위한 제4차 한일회담[-1960.4.19. 일본. 재일한국인 법적 지위·선박반환·문화재반환·청구권·어업문제 등 협상]
1960	10	25	일본/한국	한일국교정상화를 위한 제5차 한일회담[-1961.5.15. 일본. 재일한국인 법적 지위·선박반환·문화재반환·청구권·어업문제 등 협상]
1961	8	30	일본/한국	한일국교정상화를 위한 제6차 한일회담[-1964.11.5. 일본. 재일한국인 법적 지위, 선박반환, 문화재반환, 기본관계, 어업문제 등 협상]
1964	12	3	일본/한국	한일국교정상화를 위한 제7차 한일회담[-1965.6.22. 일본. 재일한국인 법적 지위·기본관계·어업문제 등 협상]
1965	6	22	일본/한국	한일 양국 외무장관, 한일기본조약 및 관계 4협정 조인[12.18.발효]

일본(만주국, 남사할린, 타이완, 중국 관내 포함)	유럽. 국지전, 세계대전, 아태전쟁
샌프란시스코강화조약 발효에 따라 GHQ 폐지되고 점령시대 종료	
전상병자 전몰자유족 등 원호법 제정[한국과 타이완 출신자 제외]	
BC급 전범 혐의로 스가모巢鴨형무소에 수감 중인 한국인 29명·타이완인 1명이 인신보호법위반을 내걸고 석방청구소송 제기[7.30.최고재판소에서 청구 기각 판결]	
방위청·일본 자위대 발족	
한국인 BC급 전범자 출신, 동진회 출범[인권과 생활권 확보, 일본정부 상대 보상 요구를 위해 결성]	
후생성 인양원호국장, 야스쿠니신사 합사 사무협력 공문 발송[원발 제3025호. 사무요령 기재]	
	중화인민공화국, 7월까지 전범재판 개정[최고 금고 20년을 포함해 45명 유죄 판결]
소일국교회복에 대한 공동선언 조인	
국제연합에 가입	
대한청구권 포기와 제2차 한일협약(1905.11.17.체결. 일명 을사조약) 무효 선언	

연	월	일	지역	조선[조선인 관련 포함]
1971	7	20	일본	
1972	9	29	일본	
1987	9	29	일본	
1989	1	7	일본	
1990	9	30	한국	한러수교[한러간 사할린 한인 문제 협의 가능]
1991	2	22	일본	
1991	4	18	일본	
1992	9	29	한국	사할린동포 영주귀국사업 개시
2004	2	13	한국	국회 본회의, 일제강점하강제동원진상규명에 관한 특별법 의결[3.5.일제강점하강제동원진상규명에 관한 특별법(법률 제7174호) 제정. 9.11.시행령(대통령령 제18544호)제정 시행. 11.10.국무총리 소속 일제강점하강제동원진상규명위원회 발족. 최초이자 유일한 강제동원진상규명 정부기구. 2007.12.10.태평양전쟁 전후국외강제동원희생자지원법 제정. 2010.3.22.대일항쟁기강제동원피해조사 및 국외강제동원희생자지원에 관한 특별법 제정 공포. 국무총리 소속 대일항쟁기강제동원피해조사및국외강제동원희생자등지원위원회로 개편]
2006	11	20	일본	
2015	12	31	한국	국무총리 소속 대일항쟁기강제동원피해조사및국외강제동원희생자등지원위원회 폐지[소관 업무는 행정자치부로 이관]

일본(만주국, 남사할린, 타이완, 중국 관내 포함)	유럽. 국지전, 세계대전, 아태전쟁
후생성 인양원호국장, 야스쿠니신사靖國神社 합사 사무협력을 위한 공문 발송[조사 제47호. 구육군관계 전몰자의 신분 등 조사실시에 대해(통지)]	
중일 공동성명 발표하고 국교 정상화[중국 베이징北京]	
타이완주민인 전몰자의 유족 등에 대한 조위금 등에 관한 법률 제정 공포[일본적십자가 타이완 홍십자와 조위금 및 위로금 지급에 관한 협약을 체결하고 1인당 2백만엔 지급. 공포일 시행]	
히로히토 쇼와 천황 사망	
외무성 조약국장, 중의원 예산위원회에서 '한일청구권 협정상 명시된 청구권 포기가 사할린한인에게 적용되는가'라는 질의에 대해 '효력이 미치지 않는다'고 답변	
소·일, 포로수용소 관련 소일 협정 체결[1945년 8월 이후 소련군에 의해 포로수용소에 수용되었던 자와 사망자문제를 신속히 처리할 목적]	
야스쿠니신사, 한국정부(일제강점하강제동원진상규명위원회) 질의에 대해 한국인 합사자 약 2만 1천여명이라 답변[1920년대에 조선인 합사 개시. 일본 패전 후인 1959-1976년까지 6회에 걸쳐 합사. 일본정부자료에 기재된 한국인 합사자규모는 21,142명(전전戰前 415명, 전후 20,727명)]